JOURNAL DE STEFAN

JOURNAL DE STEFAN

TOME 4

D'après les romans de L.J.Smith et la série télé
développée par Kevin Williamson et Julie Plec

Traduit de l'anglais (États-Unis)
par Aude Lemoine

hachette

Traduit de l'anglais (États-Unis) par Aude Lemoine.

Photo de couverture/Key Artwork :

L'édition originale de cet ouvrage a paru en langue anglaise
chez HarperTeen, an imprint of HarperCollins Publishers, sous le titre :

Stefan's Diaries : The Ripper

Hachette Livre, 43 quai de Grenelle, 75015 Paris.

PROLOGUE

Août 1888

C'est incroyable ce qui peut changer en l'espace d'une année.

Une expression, surprise au détour de conversations, et qui résonne comme l'écho d'un caillou le long d'une route, vestige de ma vie d'avant. Autrefois, une année pesait lourd ; c'était une réalité d'une portée considérable, marquée par une infinité de possibles – rencontrer l'homme ou la femme de sa vie, avoir des enfants, mourir –, un tremplin sur le chemin d'une existence. Ce chemin, néanmoins, je ne le fréquentais plus.

Une année, c'était une chose. Vingt années, remontant à l'époque où mon univers avait basculé, en était une tout autre.

Il y a un an, j'arrivais en Angleterre, une terre si riche d'histoire qu'elle permet de relativiser le concept d'éternité. Le contexte avait beau être différent, je restais le même. Physi-

quement, je n'avais pas changé depuis ma transformation en vampire, et les mêmes pensées au sujet de Katherine, de Damon, des ravages et des morts que j'avais semés sur mon passage continuaient à me hanter. Le temps filait toujours tandis que, sur place, je demeurais le démon que j'étais, assoiffé, mais de rédemption.

Si j'étais encore humain, j'aurais atteint la moitié de ma vie et le confort qui va avec. J'aurais une femme, des enfants, un fils peut-être même, que je préparerais à reprendre l'entreprise familiale.

C'était avant que les affaires des Salvatore ne deviennent le meurtre.

Cet héritage, j'avais passé les vingt dernières années à tenter de le rectifier dans l'espoir que, d'une manière ou d'une autre, une éternité de bonnes actions réparerait les erreurs que j'avais commises, le sang que j'avais versé.

Et, d'une certaine façon, j'y étais parvenu. L'Angleterre était parfaite pour moi. Aujourd'hui, je suis un honnête homme, en tous les cas autant que possible quand on a un passé misérable comme le mien.

Je ne me sens plus coupable de vider de leur sang les animaux des bois. Après tout, je suis un vampire. Mais pas un monstre. Plus maintenant.

Le temps, toutefois, ne m'affecte pas de la même manière que les hommes, et le passage d'une année à l'autre n'est pas synonyme pour moi d'un émoi semblable à celui des vivants. Tout ce que j'espère, c'est qu'au fil des ans je m'éloigne des massacres de mon jeune âge sans que soit ravivé le douloureux poids qui pèse sur ma conscience. Ce serait mon changement à moi... et mon salut.

1.

Le soleil filtrait par les larges poutres de la luxueuse cuisine du Manoir Abbott où j'étais employé. Debout à la fenêtre aux carreaux épais, je poussai un soupir de satisfaction face au spectacle de la campagne verdoyante qui ondulait autour de la propriété. Bien que la demeure ait été entretenue avec grand soin par Mme Duckworth, l'intendante dévouée des Abbott, j'apercevais des particules de pollen flottant dans les rais de lumière. Le cadre chaleureux et le confort de la maison me rappelaient notre domaine, Veritas, où le pollen des magnolias s'infiltrait par les ouvertures pour recouvrir en un instant toute une pièce d'une fine couche de poussière.

— Pourriez-vous me passer un couteau, Stefan ? me demanda Daisy, l'une des jeunes domestiques, en papillonnant des cils pour m'aguicher.

Mme Duckworth employait occasionnellement cette fille du coin pour aider en cuisine, le temps d'une journée. Avec ses cheveux bruns, bouclés, et ses taches de rousseur sur son nez retroussé, Daisy avait de faux airs d'Amelia Hawke, l'une de mes amies d'enfance – Amelia qui devait d'ailleurs désormais avoir des enfants de l'âge de Daisy.

— Tout de suite, Daisy chérie, dis-je en forçant mon accent du Sud, avec une courbette exagérée.

La jeune femme me taquinait toujours à propos de mon accent américain. J'appréciais la légèreté de nos échanges, enjoués et pleins d'innocence – la preuve tangible que les mots ne servent pas nécessairement un motif ultérieur, caché.

Je lui sortis un couteau du tiroir pendant qu'elle choisissait un concombre dans un grand saladier en bois pour le poser sur la table en se mordant la lèvre de concentration.

— Aïe !

Daisy écarta vivement son doigt du légume et le porta aussitôt à sa bouche. Elle se tourna vers moi, la main ensanglantée par le filet qui coulait.

Sous mes gencives, je sentis mes crocs s'allonger. J'avalai ma salive et reculai de plusieurs pas afin d'essayer d'arrêter la transformation avant qu'il ne soit trop tard.

— Stefan, aidez-moi ! m'implora Daisy.

Je titubai vers l'arrière, submergé par le parfum du sang qui pénétrait mes narines pour s'infiltrer dans mon cerveau. J'imaginais déjà le goût du liquide sur ma langue.

J'attrapai une serviette et la lui tendis avant de fermer les paupières, bien serrées, mais cela ne fit qu'empirer les choses : l'odeur ferreuse de sang parut plus puissante encore.

— Tenez ! insistai-je avec brusquerie tandis que j'agitai à l'aveuglette la serviette sous son nez.

Rien à faire. Elle ne la prit pas. J'ouvris donc un œil, puis l'autre. Daisy, debout, son bras allongé devant elle, semblait soudain différente. Je clignai une nouvelle fois des yeux. Ce n'était pas mon imagination. Sa chevelure d'un châtain terne s'était muée en auburn chatoyant, et ses joues, auparavant rondes, s'étaient affinées pour dessiner un visage anguleux quasiment dénué de taches de rousseur.

Daisy avait disparu comme par enchantement et une autre femme se tenait à sa place.

— Callie ? haletai-je d'une voix rauque en m'agrippant à la table en bois.

Callie Gallagher, au tempérament fougueux, à la loyauté farouche, assassinée par Damon, me faisait face. Des pensées confuses fusèrent immédiatement en moi. Et si elle n'était pas morte ? Se pouvait-il qu'elle ait réussi, par miracle, à s'échapper en Angleterre afin d'entamer une nouvelle vie ? Je savais que cela n'avait aucun sens ; pourtant, elle était juste devant moi, aussi jolie que d'habitude.

— Stefan... murmura-t-elle en penchant la tête vers moi.

— Callie !

Mes crocs rétractés, je souris à pleines dents. Mon cœur s'emballa au souvenir des émotions que Callie avait, à l'époque, fait renaître en moi. Le bras tendu, je caressai son épaule puis m'enivrai de son parfum, un mélange de pomme et de foin. Mais lorsque je fermai puis rouvris à nouveau les paupières pour mieux la regarder, elle se transforma étrangement. Ses lèvres s'entrouvrirent trop, ses dents brillèrent d'un blanc trop étincelant, ses yeux s'injectèrent de sang. Un vent aux senteurs de citron et gingembre souffla dans la pièce.

Je clignai des yeux d'horreur. Une peur glaciale coula dans mes veines. Était-il possible que...

C'était Katherine. *Katherine*. Mon premier amour. À tout le moins, c'est ce que je croyais. La femme vampire qui avait volé mon cœur dans l'unique but de me voler mon âme.

— Laissez-moi tranquille !

Ma voix dérailla et je reculai si vivement que je trébuchai contre un pied de table. Je me rattrapai de justesse. Je savais qu'il me fallait battre en retraite sans perdre une minute. Elle était diabolique. Elle m'avait détruit. Pourtant, elle était si belle. Une expression malicieuse dansait sur son visage.

— Bonjour, Stefan, me salua-t-elle d'une voix suave en s'avançant vers moi. Je vous ai fait peur ? On dirait que vous venez de voir un fantôme !

— Vous êtes morte, m'écriai-je comme pour m'en persuader.

Elle éclata de rire. Un rire aussi chaud et réconfortant qu'un whisky, une froide nuit d'hiver.

— Ne l'ai-je pas toujours été ? Quel plaisir de vous voir. Vous avez bonne mine. Un brin trop pâle, peut-être.

— Comment êtes-vous arrivée ici ?

Son corps avait été brûlé et enseveli dans une église de Virginie, de l'autre côté de l'océan. Toutefois, il était indéniable qu'elle se trouvait à quelques centimètres de moi, dans la cuisine des Abbott.

— J'avais besoin de vous voir. (Katherine mordit sa lèvre inférieure de ses dents parfaitement blanches.) Je suis sincèrement désolée, Stefan. J'ai l'impression qu'il y a eu tellement de malentendus entre nous. Je ne vous ai jamais vraiment expliqué qui ou plutôt ce que j'étais. Croyez-vous qu'un jour vous me pardonnerez ?

Je me surpris à hocher la tête en dépit de toute la haine qu'elle m'inspirait. J'étais conscient de devoir partir à tout prix et, à la fois, incapable de détacher mes yeux de ceux de Katherine. Il ne s'agissait pas de son influence magnétique. C'était pire. L'amour me poussait à rester. D'une main hésitante, j'effleurai la peau de son visage. Elle était si douce qu'un ardent désir de la caresser encore et encore m'envahit.

— Stefan le Tendre, roucoula Katherine en s'inclinant vers moi.

Ses lèvres, soyeuses comme les pétales d'une fleur, me frôlèrent la joue. Je m'approchai, succombant au parfum de citron et gingembre, et je laissai libre court à mes pulsions, étouffées pendant vingt longues années. Le passé m'était égal. Peu importait ce qu'elle nous avait infligé, à mon frère et à moi. Je la voulais. Mes lèvres trouvèrent les siennes et notre baiser m'arracha un délicieux soupir de joie.

Lorsqu'elle se dégagea, je pus contempler de plus près son visage. Ses yeux, dans leurs orbites, étaient proéminents, ses crocs, allongés et étincelants sous les rayons de soleil.

— Katherine ! m'écriai-je.

Trop tard. Je ne pouvais lui échapper. Ses mains froides comme la glace autour de mon cou, elle me tirait vers elle. Une douleur fulgurante éclata soudain dans ma gorge. J'essayai de me libérer mais la douleur, profonde, s'enfonça dans mon corps puis remonta à la source de mon âme...

Tout s'éteignit alors autour de moi.

Quand j'entendis un coup vif et répété.

— Katherine ?

Je tâtonnais avec perplexité autour de moi, trempé de sueur. Au-dessus, je reconnus le toit en pente de ma chaumière. Le soleil perçait par les fissures de la toiture.

Les coups reprirent.

Je quittai mon lit à la hâte et j'enfilai mon pantalon et ma chemise.

— Entrez !

La porte s'ouvrit sur Mme Duckworth qui entra précipitamment, le visage rougeaud, marqué par l'inquiétude.

— Ah ! Vous allez bien alors ? demanda-t-elle.

— Oui. C'était juste un rêve, dis-je gêné, en passant d'une jambe sur l'autre.

N'était-ce qu'un rêve ? Je n'avais plus repensé à Katherine depuis si longtemps… Quelques instants plus tôt, cependant, elle avait paru bien réelle et vivante.

— Un cauchemar, vous voulez dire, rectifia Mme Duckworth en croisant les bras sur son imposante poitrine de matrone. Je vous entendais hurler à travers la porte. Vous m'avez fichu une de ces frayeurs. J'ai cru que vous vous faisiez attaquer par un des renards qui rôdent dans les bois. Mme Medlock, à la ferme Evans, m'a dit que l'un de ses poulets y était passé. Et en plein jour, qui plus est !

— Un cauchemar… répétai-je.

Je m'accrochai au poteau en bois de mon lit. Le soleil entamait sa descente et la forêt, dehors, se parait d'une lumière ambrée.

— Oui, insista Mme Duckworth avec patience.

Elle portait un tablier blanc amidonné par-dessus une robe rayée bleu et blanc. Au service de la famille depuis plus de vingt ans, elle veillait sur le manoir et tout ce qui s'y passait avec un tracas tout maternel. George Abbott plaisantait souvent à propos du fait que le vrai chef, c'était elle, et non pas lui. La voir m'apaisa : c'était la garantie que tout cela n'était que le fruit de mon imagination et que j'étais en sécurité ici.

— J'espère seulement que la patronne ne vous a pas entendu. J'voudrions point qu'elle croie que vous êtes possédé.

— Pas moi, répliquai-je, à bout, en ramassant mes vêtements de nuit pour les jeter sur mon lit. (Je n'aimais ni les sous-entendus de Mme Duckworth, ni sa maîtrise approximative de la grammaire.) Vous voulez dire la chaumière. Mais je vous assure qu'elle n'est pas hantée.

— Non. Je voulais parler de vous, affirma-t-elle avec sagesse. Vous devez être tracassé par quelque chose. Qui vous empêche de vous reposer.

Je baissai les yeux sur le plancher rustique. C'était la vérité. Malgré ma fuite, le plus loin possible de chez moi, je continuais à être hanté par des démons du passé. Parfois, lorsque je rêvais de Damon et moi, enfants, alors que nous faisions la course à cheval dans les forêts de Virginie, j'émergeais apaisé et ravi de ces voyages oniriques. D'autres fois, ils me rappelaient que, même si j'étais destiné à vivre sur Terre pour l'éternité, une partie de moi ne quittait jamais véritablement l'Enfer.

— Bref, reprit Mme Duckworth avec un claquement de mains. Je venais vous chercher pour le souper. Les garçons ne cessent de vous réclamer.

Elle sourit avec affection en mentionnant Luke et Oliver, les deux jeunes Abbott.

— Bien sûr, j'arrive, acceptai-je.

J'adorais les dîners du dimanche soir. On y parlait fort, dans la décontraction la plus totale, et on y mangeait de délicieux mets. Luke et Oliver se chamaillaient sans malice. Leur père, George, faisait rebondir sur ses genoux la petite Emma pendant que leur mère, Gertrude, couvait fièrement sa progéniture d'un regard souriant. Je m'asseyais toujours en bout de table, plein de reconnaissance de prendre part à ce tableau de famille. Une famille ordinaire, profitant du dimanche. À mes yeux, ces moments surpassaient les demeures les plus somptueuses de San Francisco ou les paillettes des bals new-yorkais où le champagne coulait à flots.

À mon arrivée au Manoir Abbott à l'automne dernier, je n'avais qu'une chemise sur le dos et un cheval, gagné lors d'une partie de cartes dans un bar du port de la banlieue de Southampton. La jument noire de toute beauté me rappelait Mezzanotte, le cheval que je montais autrefois. Je l'avais baptisée Segreto, « secret » en italien, et nous avions passé un mois à parcourir la campagne avant d'arriver à Ivinghoe, une ville située à une centaine de kilomètres de Londres. Alors que je cherchais un acquéreur pour Segreto, on m'avait recommandé George Abbott, qui, au récit cousu de fil blanc de mes mésaventures, m'avait proposé non seulement de me racheter mon cheval, mais aussi de m'employer à son service.

— Vous feriez mieux de vous dépêcher, m'avertit Mme Duckworth, me tirant de ma rêverie.

Elle sortit à toutes jambes de mon logis et claqua la porte derrière elle.

Je jetai un rapide coup d'œil à mon reflet dans le miroir qui pendait au-dessus de ma modeste commode. D'un geste rapide, je lissai mes cheveux vers l'arrière et passai ma langue sur mes gencives. Mes crocs étaient rarement visibles, en tout cas aux heures du jour. Je m'étais même mis à chasser mes proies avec un arc et des flèches. Ensuite, je vidais les bêtes de leur sang pour le verser dans un verre que je sirotais au coin du feu. Je me souviens que mon amie Lexi avait inlassablement tenté de me convaincre de boire des infusions au sang de chèvre lorsque, jeune vampire, je faisais des ravages à La Nouvelle-Orléans. À l'époque, j'avais résisté, étant d'avis que le sang de chèvre constituait un affront au goût véritable du sang tel que je le concevais : riche, sucré et humain.

Si seulement elle me voyait aujourd'hui, pensai-je avec regret. Parfois, surtout lors des longues nuits sans lumière, je regrettais qu'elle ne soit pas là. J'aurais grandement apprécié la compagnie d'une amie proche à qui parler. Mais nos chemins s'étaient séparés à notre arrivée en Grande-Bretagne. Elle avait décidé d'aller sur le continent tandis que je choisissais de rester explorer ce que la campagne avait à offrir. C'était aussi bien. Nous nous étions certes quittés en bons termes, mais j'avais décelé de temps à autre un certain agacement chez elle à l'égard de mon penchant mélancolique. Je ne lui en voulais pas. Moi aussi, je perdais patience avec moi-même et mon incapacité à tourner la page. J'aurais voulu pouvoir courtiser Daisy sans craindre que mes crocs n'émergent de sous mes gencives et converser avec George à propos de mon ancienne vie en Amérique sans redouter de me trahir en évoquant le fait que j'étais déjà né lors de la guerre de Sécession. Plus que tout, j'aurais voulu pouvoir m'ôter définitivement Damon de l'esprit. Je restais persuadé que la solitude et la dignité, debout sur mes deux jambes, étaient les clés pour réussir à avancer. Jusqu'à ce qu'un cauchemar ou l'autre ne me plonge à nouveau dans le désespoir.

Simplement parce que je leur en conférais le pouvoir. J'avais appris que les souvenirs ne sont que des... souvenirs. S'ils blessent, c'est uniquement parce qu'on les laisse faire. J'avais également découvert que je pouvais faire confiance aux humains. Et, le soir, tard, mon corps réchauffé par le sang d'un blaireau, l'oreille tendue, à l'affût des bruits dont s'animait la forêt, j'éprouvais un sentiment proche du bonheur.

Ma vie était privée d'excitation ou d'aventure pure. À la place, je me satisfaisais pleinement d'une routine quotidienne. Mon emploi recouvrait plus ou moins les tâches effectuées pendant ma jeunesse, lorsque mon père me préparait à reprendre Veritas. J'achetais du bétail, supervisais les écuries et réparais tout ce qui devait l'être. Je savais que George était content de mon travail et nous nous rendions d'ailleurs ensemble à Londres pour discuter de la situation financière du domaine – un signe évident de sa confiance en moi. En réalité, tous les membres de la famille Abbott semblaient m'apprécier, et le degré de mon attachement à eux m'étonnait moi-même. J'étais conscient de mon obligation, d'ici quelques années, de partir, sinon ils s'apercevraient que je ne vieillissais pas comme eux. En attendant, je profitais des moments en leur compagnie.

À la hâte, je revêtis une veste en mérinos, l'un des nombreux vêtements que George m'avait donnés au cours des quelques mois que j'avais déjà passés au Manoir. Souvent, l'homme allait même jusqu'à dire qu'il me considérait comme son fils, un statut qui m'amusait autant qu'il m'enchantait. S'il avait su qu'il était en réalité de plusieurs années mon cadet. Il prenait son rôle paternel très au sérieux et, même si jamais il ne pourrait remplacer mon propre père, j'appréciai cet élan vers moi.

Sans prendre la peine de fermer à clé derrière moi, je m'engageai sur la pente de la colline qui menait à la résidence familiale des Abbott en sifflant une mélodie de mémoire. Ce n'est qu'au refrain que je me rendis compte qu'il s'agissait de *God Save the South*, une des chansons préférées de mon frère.

Le visage grimaçant, je pinçai les lèvres et courus presque dans les marches qui restaient jusqu'à l'entrée de la demeure. Vingt ans plus tard, le moindre souvenir de Damon continuait à retentir dans ma tête avec le fracas d'un éclat de tonnerre par une chaude journée d'été. Il m'apparaissait avec la même précision que si nous nous étions vus dix minutes plus tôt – ses yeux bleus inquiétants, son sourire en coin, son accent du Sud tinté de sarcasme. Où pouvait-il bien être à cette heure ?

Il aurait tout aussi bien pu être mort. Je secouai la tête pour chasser cette éventualité de mon esprit.

À la volée, j'ouvris la porte de la maison ; les Abbott ne la fermaient jamais – c'était inutile. Les voisins étaient à presque dix kilomètres de distance, juste avant le bourg, cinq kilomètres plus loin. Les commerces s'y limitaient à un pub, un bureau de poste et une gare. On ne faisait pas plus sûr comme endroit dans toute l'Angleterre.

— Stefan, mon garçon ! s'exclama George avec passion.

Il s'empressa de quitter le salon pour venir à ma rencontre dans le vestibule. Étourdi et déjà un peu ivre à cause de son apéritif, George avait les joues en feu et l'air plus rondelet encore que la semaine précédente.

— Bonsoir, Monsieur ! le saluai-je avec enthousiasme.

Il dépassait à peine le mètre cinquante et semblait compenser sa petite stature par sa corpulence. À ce sujet, je m'inquiétais parfois pour les chevaux quand l'envie lui prenait de partir se balader avec l'un d'eux en forêt.

Cependant, le reste des domestiques avaient beau parfois se moquer de lui, de son gros gabarit et de son goût pour l'alcool, je ne voyais en George que de la gentillesse et de la bienveillance. Il m'avait recueilli lorsque je n'avais rien, et non seulement il m'avait pourvu d'un toit au-dessus de la tête, mais il m'avait également redonné la foi en la possibilité de nouer des liens d'amitié avec des humains.

— Une larme de sherry ? me proposa-t-il.

— Avec plaisir.

Je m'installai dans un des confortables fauteuils en velours rouge du salon, une petite pièce à l'ambiance chaleureuse, avec des tapis d'Orient couverts de poils de chien. Gertrude Abbott affectionnait les chiens de ferme qu'elle laissait entrer dans le manoir dès qu'il pleuvait – autrement dit, tous les jours ou presque. Les murs étaient couverts d'une multitude de portraits de famille ; on reconnaissait les Abbott à leurs fossettes. Ce trait commun leur conférait un air sympathique, y compris au grand-oncle Martin qui montait la garde, la mine sévère, au-dessus du bar, dans un coin.

— Stefan ! zézaya une voix au moment où les deux garçons Abbott déboulaient dans la pièce.

Luke, sournois, les cheveux châtain foncé avec un épi si rebelle qu'il résistait à toutes les tentatives de sa mère de coller la mèche sur son front, entra en premier, suivi d'Oliver, sept ans, blond paille, les genoux éraflés.

Je souris en sentant le garçonnet m'entourer les jambes de ses bras. Du foin dans les cheveux, il avait le visage au teint de son sali par la terre. Je présumai qu'il avait dû passer des heures dans les bois.

— J'ai attrapé un lapin grand comme ça !

Oliver me lâcha et joignit le geste à la parole afin de mimer la taille de l'animal, supérieure à un mètre.

— Vraiment ? Tu es certain qu'il s'agissait d'un lapin ? dis-je en arquant les sourcils. Tu ne crois pas plutôt que c'était un ours ?

Les yeux clairs du garçon s'écarquillèrent et je dus réprimer un sourire.

— Ce n'était pas un ours, Stefan ! s'interposa Luke. C'était un lapin et c'est moi qui l'ai tué. La balle d'Oliver n'a fait que l'effrayer.

— C'est pas vrai ! se révolta Oliver, furieux.

— Papa, dites-lui, vous, à Stefan ! Dites-lui que c'est moi qui l'ai tiré !

— Allons, les garçons ! intervint George, un sourire affectueux aux lèvres.

Je l'imitai malgré mon pincement au cœur. La scène était tellement typique de ce qui se jouait dans les foyers du monde entier où des frères se querellaient, se rebellaient puis grandissaient jusqu'à ce que le cycle reprenne à la génération suivante. Sauf dans le cas de mon frère et moi. Enfants, nous avions ressemblé en tout point à Oliver et Luke. Turbulents et enclins à la bagarre, nous n'éprouvions aucune crainte à nous affronter à coups de poing, sachant pertinemment que notre loyauté mutuelle sans faille nous inciterait ultérieurement à nous soutenir en cas de besoin. Enfin, avant que Katherine ne s'immisce entre nous et ne change tout.

— Vous allez faire fuir Stefan avec vos chamailleries, ajouta George avant de boire une nouvelle gorgée de sherry.

— Cela ne me dérange pas, le rassurai-je en ébouriffant les cheveux d'Oliver. Mais je pense avoir besoin de toi pour m'aider à régler un problème. Mme Duckworth m'a raconté qu'un renard avait volé des poules dans le poulailler des Evans, et je sais que seul le meilleur chasseur d'Angleterre serait capable de tuer la bête.

— Ah bon ? releva Oliver, les yeux exorbités.

J'acquiesçai d'un hochement de tête.

— Celui capable d'abattre la bête devra être petit, rapide et très... très, très intelligent.

Le visage de Luke s'éclaira. Du haut de ses presque dix ans, il se croyait trop grand pour intervenir mais je savais que, au fond de lui, il en mourait d'envie. Damon était pareil à son âge : trop mûr pour être surpris en train de s'amuser à des jeux auxquels nous prenions part au bord de la rivière et à la fois terrifié de rater quoi que ce soit.

— Et nous pourrions emmener ton frère, annonçai-je dans un murmure théâtral, avec un clin d'œil à l'intention de George. À nous trois, nous formerions la meilleure équipe de chasseurs de ce côté de Londres. Le renard n'aurait aucune chance.

— Cela promet d'être une aventure fascinante ! commenta pompeusement le maître de maison alors que sa femme entrait dans la pièce.

Sa chevelure rousse était ramassée dans un chignon, ce qui faisait ressortir l'implantation de ses cheveux en forme de V, sur son front blanc. Elle portait sur la hanche leur fille de quatre ans, Emma. La petite blonde, avec ses immenses yeux, avait souvent l'apparence d'une fée ou d'un lutin plus que celle d'une enfant. Elle me décocha un sourire généreux auquel je répondis avec la joie qui irradiait en moi.

— Vous allez venir, Papa ? l'interrogea Oliver. Je voudrais que vous me voyiez chasser.

— Oh, tu me connais. (L'intéressé secoua la tête.) Tout ce à quoi j'arriverais, c'est à effrayer le renard. Il m'entendrait arriver à des kilomètres et s'enfuirait dans les buissons.

— Stefan n'a qu'à vous apprendre à ne pas faire de bruit ! zozota Oliver.

— Stefan apprend déjà au vieillard de propriétaire des lieux à s'occuper de cette exploitation, renchérit George avec un éclat de rire teinté d'amertume.

— Il me semble que nous racontons tous des histoires ce soir, estimai-je avec bonhomie.

Mon emploi était certes exigeant, mais j'adorais les instants que je passais sur les terres de George, à ses côtés. C'était tellement différent de ce que j'avais éprouvé à Veritas alors que je travaillais sous les ordres de mon père. À l'époque, j'avais mal vécu l'obligation de m'occuper du domaine plutôt que de partir étudier à l'université de Virginie. Je ne supportais pas cette impression d'être sans cesse jugé par mon père, comme s'il évaluait en permanence ma capacité à reprendre la propriété. Avec les Abbott, au contraire, j'avais la sensation qu'ils m'appréciaient tel que j'étais.

Après avoir avalé une bonne gorgée d'alcool, je me calai contre le dossier de ma chaise, chassant les dernières images troublantes du cauchemar survenu plus tôt. Katherine était morte, et Damon avait de grandes chances de l'être aussi.

2.

Le lendemain matin, George et moi étions confortablement installés dans le wagon cossu d'un train se dirigeant vers Londres. Je m'enfonçai dans le siège avec l'espoir de me détendre en dépit de la nausée qui me submergeait. Je me souvenais du vacarme des grandes villes, de l'exubérance des odeurs de corps mal lavés et des tentations qu'elles auguraient. En guise de préparation, j'avais donc bu le sang d'un putois et celui d'un sanglier qui, à présent, me rendaient malade. Mieux valait avoir la nausée que faim, songeai-je néanmoins, sachant, surtout, que je tenais à me montrer sous mon meilleur jour lorsque nous rencontrerions le notaire de George. Je mesurais l'honneur qu'il me faisait en me présentant à son homme de confiance, lequel passerait en revue les comptes financiers afin, éventuellement, de nous conseiller des stratégies en matière d'achats et de recrutement.

Pourtant, je n'arrivais toujours pas à me sortir de l'esprit l'image de Katherine. Ainsi, au lieu de discuter, je me contentais de bouger la tête tandis que George réfléchissait à voix haute à la nécessité de louer ou non nos chevaux à la mine, de l'autre côté d'Ivinghoe. Il m'apparaissait comme impossible de passer en un clin d'œil de questions de vie et de mort aux vétilles de l'existence humaine. D'ici une vingtaine d'années – une dizaine même –, rien de cela ne compterait encore.

Le rideau de velours de notre compartiment s'écarta pour laisser passer la tête d'un contrôleur.

— Thé ? Journaux ? proposa-t-il, le bras tendu avec un plateau en argent où s'empilaient des scones et des tranches de pain brioché.

M. Abbott les jaugea avec envie alors que l'employé plaçait une tasse de thé et deux scones aux raisins sur des soucoupes en porcelaine immaculée qu'il nous distribua à chacun.

— Je vous donne la mienne. (J'approchai l'assiette de M. Abbott.) Nous prendrons aussi le journal, s'il vous plaît.

— Très bien, monsieur.

L'homme m'offrit un exemplaire du *Daily Telegraph*. Sans attendre, je détachai les rubriques de sport et société qui m'intéressaient avant de tendre à George les pages qu'il préférait. La lecture de ces deux sujets en particulier pouvait paraître étrange, mais, avec le temps, elle était devenue une habitude, chaque fois que je me trouvais dans une agglomération de taille importante. Je cherchais une référence au comte DeSangue – le nom que Damon avait utilisé à New York. Je me demandais s'il avait abandonné ses mimiques nobles et sa posture grandiloquente. Je l'espérais. La dernière fois que je l'avais vu, son penchant pour l'ostentation avait failli nous coûter la vie alors que nous gagnions toujours plus à adopter un profil bas.

Bram Stoker et Henry Irving donnent une nouvelle pièce au Lyceum… Sir Charles Ainsley donne une réception dans sa résidence de l'East End… La rumeur court selon laquelle Samuel Mortimer se présenterait aux élections municipales… Le fringant comte DeSangue aperçu lors d'un dîner au Journeyman au bras de la ravissante comédienne Charlotte Dumont.

La nouvelle me fit l'effet d'un coup de poing en plein ventre. C'était exactement ce que je redoutais. Voir ces mots confirmait mes cauchemars : mon frère continuait à me hanter et je ne pouvais mettre cette réalité sur le compte d'un rêve, d'un trop-plein d'imagination ou d'un excès de sherry, la nuit précédente. Parce que Damon aurait beau me haïr plus que tout, je serais toujours son frère. Je le connaissais depuis toujours. Enfant, je pressentais ses disputes avec Père avant même qu'elles ne se produisent. Il y avait de l'électricité dans l'air, aussi évidente que les nuages annonciateurs de l'orage. Lorsqu'il était en colère, je le savais aussi, en dépit des sourires qu'il servait sans mesure à nos amis. Quant à ses moments de peur, je les devinais également même si jamais ô grand jamais il n'aurait avoué cette faiblesse. Et lorsque nous devînmes des vampires, je restai étrangement affecté par ses sautes d'humeur. Qu'il en ait été conscient ou non, je devinais à cet instant qu'il s'exposait à des ennuis.

Je lus en diagonale le reste de l'article mais le pseudonyme de Damon n'y était plus mentionné. Il était question de lords et de ducs ou encore d'autres comtes, autant de personnes devant être le nouveau cercle d'intimes de mon frère. Cela ne me surprenait pas. Londres, avec ses soirées incessantes et son caractère cosmopolite m'était toujours apparue comme un endroit plausible où Damon risquait de réapparaître. En tant qu'homme ou démon, il avait toujours eu beaucoup d'allure et, que cela me plaise ou non, il restait mon frère. Le même sang coulait dans nos veines. En outre, si l'Angleterre m'avait attiré, il semblait naturel qu'elle lui ait plu à lui aussi.

Je me reconcentrai sur l'article.

Qui était cette Charlotte Dumont ? Et où se trouvait le restaurant appelé Journeyman ? Peut-être que s'il restait un peu de temps après notre rendez-vous chez le notaire, je partirais de mon côté pour enquêter. Au moins, cela soulagerait mes inquiétudes. Après tout, j'étais certain qu'il buvait le sang de Charlotte Dumont, mais, si les écarts de Damon s'en tenaient là, j'étais mal placé pour juger. Et si jamais il se livrait à pire, eh bien... il serait toujours temps de réfléchir à un plan le moment venu.

En face de moi, George plantait la lame de son couteau dans une noix de beurre. Ses qualités de propriétaire terrien n'allaient pas de pair avec celles d'un homme du monde. Mais au lieu de me rebuter, ses manières grossières, heureusement, coupèrent net le flot de mes pensées. Je croisai son regard et sentis que George toisait ma chemise bleue tachée de gras et mon pantalon noir. C'était les vêtements les plus habillés en ma possession mais je me rendais parfaitement compte qu'ils me donnaient l'air d'un ouvrier.

— Puisque nous allons en ville, j'en profiterais bien pour vous emmener chez mon tailleur. Qu'il vous coupe quelques costumes, décida George d'une voix rêveuse.

— Merci, monsieur, dis-je du bout des lèvres.

Nous approchions à présent de la ville ; les paysages de grandes étendues sauvages avaient laissé place à des enfilades de maisons au toit bas.

— Je vous avoue, toutefois, repris-je, que j'aimerais partir explorer la ville après le rendez-vous. J'ai de la famille à Londres. Avec votre accord, je pensais passer quelques jours avec eux. Je vous promets que je réparerai la clôture au bout du pâturage dès mon retour.

Je n'avais jamais réclamé de jours de congé auparavant ; à la moindre hésitation de George, je n'irais pas. À l'inverse, si je bénéficiais de son assentiment, je prendrais cela pour un signe du destin qu'il fallait que je retrouve mon frère.

— Vous auriez dû m'en parler plus tôt, fils ! s'exclama l'homme. Je me faisais du souci à votre propos, seul au monde. La famille, c'est toujours bon, même quand on ne s'entend pas bien avec elle. Parce qu'au bout du compte, on partage son nom et son sang, alors mieux vaut toujours savoir ce à quoi elle s'emploie.

— Vous avez sûrement raison, monsieur, approuvai-je avec nervosité.

Nous nous aventurions en terrain dangereux. Jamais je n'avais communiqué à mon employeur mon véritable nom de famille et il me connaissait sous l'identité de Stefan Pine. Je n'avais pas seulement choisi ce nom pour sa simplicité ; en mon for intérieur, j'aimais aussi l'idée que cet arbre était comme moi : il ne changeait pas. C'était une concession faite à ma véritable nature, de même, supposai-je, que le choix de sobriquet de mon frère.

— Prenez la semaine, m'accorda George.

— Merci, mais cela ne sera pas nécessaire. J'envisage simplement de passer prendre le thé chez des parents. Merci quand même, conclus-je avec maladresse.

— Écoutez. (Il s'approcha de moi avec un air de conspiration.) Je vais vous emmener chez mon tailleur : je vous achèterai plusieurs complets et vous pourrez ainsi impressionner votre famille.

— Non, ce... J'en serais ravi, me repris-je.

Damon était si obsédé par son style que je décidai de le battre à son propre jeu. Je tenais à lui apparaître tel un homme respectable, ayant réussi honorablement dans la vie. Mon frère était capable d'entrer dans n'importe lequel des cercles de la haute société en mentant et en trichant, mais il fallait travailler dur pour établir des relations de confiance, et c'est précisément ce que je venais d'accomplir. Je pourrais peut-être même lui servir d'exemple, une manière subtile de rappeler à Damon qu'il n'avait nulle obligation de mener une existence dépourvue de sens.

— C'est le moins que je puisse faire, fiston, décréta George avant que nous replongions tous deux dans le silence.

Un silence rompu uniquement par le roulement monotone du train et les bruits de bouche de George. Je poussai un soupir, soudain oppressé par l'espace confiné de notre compartiment. J'aurais préféré être dans la grange, à l'écart sur la propriété du manoir, seul avec mes pensées.

— Vous n'êtes pas très bavard aujourd'hui, constata mon compagnon de voyage. Hier soir non plus d'ailleurs.

George s'essuya les lèvres dans une serviette puis posa le journal sur ses genoux.

— J'ai beaucoup de choses en tête, reconnus-je simplement.

Toute la matinée, le souvenir de Katherine m'avait obsédé. Et maintenant, l'idée que Damon puisse être si proche m'empêchait de me concentrer sur autre chose.

George hocha la tête avec un regard de compréhension.

— Vous n'êtes pas obligé de m'en parler : tout homme a ses secrets, mais sachez que je suis votre ami.

Mon employeur connaissait peu de détails sur ma vie – il savait que j'avais quitté mon père et l'Amérique car je ne voulais pas épouser la femme qu'il m'avait choisie – et pourtant, quelque chose, dans son expression, me donna envie de m'ouvrir un peu plus.

— Naturellement, loin de moi le désir de me mêler de vos affaires privées, ajouta George alors qu'il pliait le journal pour se donner une contenance.

— Non, non, pas du tout, monsieur. Je vous remercie pour votre intérêt. En vérité, je suis perturbé ces temps-ci, expliquai-je en pesant mes mots.

— Perturbé ? répéta-t-il, la mine inquiète. Votre emploi chez moi ne vous convient pas ? Je suis d'accord qu'il est inférieur à votre ancien poste en Amérique, mais je tiens à vous dire que je vous observe et je pense que vous êtes un jeune homme plein de promesses, Stefan. Gagnez encore en maturité et en expérience et je suis certain que vous irez loin ; je le vois déjà. Qui sait ? Vous pourriez avoir votre propre propriété un jour ?

Je secouai vivement la tête.

— Ce n'est pas à propos du travail. Je vous suis reconnaissant de m'avoir donné cette chance et ravi de vivre au manoir... Des cauchemars me dérangent. Je me demande parfois... si j'arriverai un jour à laisser mon passé derrière moi. J'ai dû tellement décevoir mon père.

Jamais je ne m'étais encore confié avec une telle honnêteté à un être humain, hormis Callie. J'éprouvais toutefois un certain soulagement à m'ouvrir même si mes paroles ne rivalisaient pas une seconde avec la profondeur des gouffres de mes problèmes.

— Des douleurs de croissance, déclara M. Abbott avec sagesse. Je me souviens que j'en souffrais moi aussi, à l'époque où mon père m'enjoignait de marcher dans ses pas, impatient de voir quelqu'un perpétuer son nom, son héritage. C'est lui qui m'a dit que j'épouserais

Gertrude et que je gérerais l'exploitation. En effet, les choses se sont déroulées ainsi et c'est tant mieux. Mon seul regret, cependant, est de n'avoir fait aucun choix. Même si en réalité, c'est la vie que j'aurais choisie. D'après moi, pourtant, tous les hommes doivent ressentir qu'ils sont les preneurs de décisions importantes de leur vie. (Il sourit, mélancolique et songeur.) C'est pourquoi je vous admire, Stefan. Vous défendez vos principes, vous cheminez seul. Nous vivons une époque remarquable où le mérite d'un homme ne se mesure plus à son titre mais à ses actions. Et tout ce que je vous ai vu accomplir jusqu'ici s'est révélé exemplaire.

Il croqua avidement son scone, couvrant de miettes le devant de sa chemise.

— Merci.

Je ne m'étais pas senti aussi bien depuis très longtemps. George avait beau ne pas tout savoir de moi, il y avait une part de vérité dans ses propos : que ce que je choisissais de faire aujourd'hui comptait autrement plus que ce que j'étais ou avais été. Tant que je continuerais à vivre en membre actif de cette société, mon pouvoir se tempérerait de plus en plus jusqu'à ce qu'il ne soit plus qu'un bruit de fond, enfoui en moi. Entre-temps, ce n'était pas les préoccupations qui manqueraient : bétail, propriété, industrie, argent. Un sourire timide se dessina sur mes lèvres.

La locomotive avança par à-coups et du thé éclaboussa la chemise de George.

— Zut ! murmura-t-il. Cela vous ennuierait de me tenir ça ?

Il me tendit le journal puis sortit un mouchoir de sa poche afin d'éponger le liquide.

Les lettres imprimées en gras sur la page et le point d'exclamation attirèrent immédiatement mon attention.

Meurtre ! criait le titre de l'article. Sous le texte, un dessin au trait représentait une femme, les paupières entrouvertes, son corsage déchiré, du sang s'échappant de sa gorge. Ce n'était qu'un dessin, et, pourtant, l'image était foncièrement macabre. Je me penchai pour regarder de plus près, comme hypnotisé.

— Terrible, n'est-ce pas ? commenta George, les yeux sur la page. Je suis bien content de vivre loin de Londres.

J'acquiesçai sans vraiment prêter attention à ce qu'il disait. Le journal me tacha les doigts d'encre alors que je parcourais brièvement l'article.

Une femme de la nuit rencontre une créature des ténèbres.

Le corps de Mary Ann Nichols a été retrouvé sur la chaussée du quartier londonien de Whitechapel. La gorge tranchée, on l'avait également vidée de ses entrailles. Il se pourrait que cette tragédie ait un rapport avec d'autres morts survenues dans le quartier. Pour de plus amples détails confiés par les proches de la victime, voir page 23.

Sans même me soucier de la façon curieuse dont George me couvait du regard, je tournai la page d'une main tremblante. En effet, le meurtre était affreux mais il était étrangement familier aussi. Je revins un moment en arrière, le temps d'analyser à nouveau le dessin de Mary Ann en première page. Son visage livide était tourné vers le ciel ; la terreur se lisait dans ses pupilles figées. Ce n'était pas l'œuvre d'un amant éconduit ou d'un voleur désespéré.

Mais celle d'un vampire.

Pire encore, un vampire violent et assoiffé de sang. Au cours de ma vie de vampire, je n'avais jamais entendu parler ou vu un meurtre si sanglant, si ce n'était lorsque, vingt ans plus tôt, Lucius avait massacré toute la famille Sutherland. Damon était là aussi.

Des frissons remontèrent le long de ma colonne vertébrale. Partout où il y avait des gens, il y avait aussi des vampires, mais la plupart restaient entre eux, et, en général, s'ils buvaient du sang humain, c'était dans la plus grande discrétion : en périphérie désolée de larges agglomérations, sur des ivrognes vagabonds, leurs amis ou des voisins qu'ils manipulaient mentalement de sorte qu'ils puissent boire sans éveiller leurs soupçons. En marge existaient également les vampires des Origines. La rumeur voulait qu'ils soient descendus directement de l'Enfer, sans jamais avoir eu d'âme, pas plus, en conséquence, que de souvenirs quant aux sentiments de vivre, d'espérer, de pleurer, d'être humain, tout simplement. Ils étaient connus, a contrario, pour leur soif de sang inassouvissable et une passion féroce pour la destruction.

Et si Klaus était désormais dans les parages… Je frémis rien qu'à cette idée mais la chassai aussi vite. Mon imagination débordante me jouait des tours. J'envisageai toujours le pire scénario, redoutant en permanence que mon secret ne soit révélé, persuadé que j'étais maudit. Non. C'était plus vraisemblablement l'œuvre d'un frère sanguinaire qui avait besoin d'une leçon qu'il aurait dû assimiler il y a bien longtemps.

Damon n'avait pas uniquement soif de sang, mais aussi de célébrité. Il adorait figurer dans les pages mondaines. De là à vouloir faire la une des rubriques criminelles, il n'y avait qu'un pas.

— Ne laissez pas cette histoire vous faire craindre Londres, tenta de me rassurer George avec un ricanement un peu forcé. Tous ces drames se passent dans les bas-fonds de la ville. Nous ne nous en approcherons pas une seconde.

— Je n'ai pas peur, affirmai-je, les mâchoires crispées. (Je repliai le journal que je posai près de moi.) D'ailleurs, je crois que je vais accepter votre offre et prendre une semaine entière de congé.

— Comme il vous plaira, approuva George en se renfonçant dans son siège, la tragédie déjà oubliée.

Je jetai un énième coup d'œil au portrait. Les traits, grossièrement appuyés, trahissaient l'intention délibérée de l'illustrateur d'insister sur le détail sanglant des entrailles qui ressortaient du corps de la fille. Son visage portait également des traces de coupures mais c'est son cou qui attirait le plus mon attention. Y avait-il deux petits trous, cachés sous le sang et les tissus déchirés ?

Le train siffla. Par la fenêtre, Londres s'étendait à perte de vue alors que nous pénétrions au cœur de la ville. J'aurais voulu que la locomotive fasse demi-tour pour me ramener au Manoir Abbott. J'avais envie de m'enfuir, direction San Francisco, l'Australie ou tout autre endroit où des innocents ne se faisaient pas égorger par des démons. Autour de nous, des employés des chemins de fer s'agitaient pour sortir des malles et des valises des porte-bagages, au-dessus. George mit son chapeau sur sa tête en lançant un regard furtif au journal.

— Vous imaginez... cette pauvre enfant...

Là était bien le problème : j'imaginais trop bien.

Je voyais Damon en train de faire la cour à cette Mary Ann, allant jusqu'à frôler son corsage. Je me représentais la scène : lui qui s'approchait pour l'embrasser tandis qu'elle fermait les yeux, prête pour la caresse de ses lèvres. Soudain, il passait à l'attaque ; elle poussait un hurlement, battant des mains pour se protéger à coups de griffes. Pour finir, Damon, enivré par le sang, sa soif étanchée, souriait de toutes ses dents au clair de lune.

— Stefan ?

— Oui ? dis-je, tendu, sur un ton bourru.

George me toisa d'un drôle d'air. Le chef du train nous tenait la porte du compartiment.

— Je suis prêt, annonçai-je en prenant appui sur les accoudoirs pour me relever.

— Vous tremblez ! constata mon compagnon de voyage avec un éclat de rire. Je vous assure : Londres est bien moins effrayante que les bois d'Ivinghoe. À tel point que je ne serais pas surpris que vous y preniez goût. Des lumières partout, beaucoup de réceptions... Personnellement, si j'étais un jeune homme sans responsabilités, je ne voudrais vivre nulle part ailleurs.

— Si vous le dites.

Il venait de me donner une idée. Je ne quitterais pas Londres jusqu'à ce que mes soupçons soient confirmés.

Peu importe ce dont il s'agissait – meurtrier, démon, Damon –, j'étais paré à tout affronter.

3.

Passé plusieurs heures, je souffrais de maux de pieds et de vertiges. Mon sens du devoir me contraignait à rester avec George toute la matinée, entre réunions et séances d'essayage de vêtements. Je portais désormais un pantalon en lin et une chemise blanche Savile Row, et plusieurs sacs pendaient à mon bras. En dépit de la générosité de George, je n'avais de cesse de me défaire de sa compagnie. Mes essayages ne m'avaient pas distrait de l'image du corsage gorgé de sang de la pauvre victime.

— Je peux vous déposer chez votre famille ? Vous ne m'avez pas dit dans quel quartier ils habitent, constata George une fois à hauteur d'un coin de rue où il fit signe d'un hochement de tête à un cocher dont la calèche passait justement.

— Non, ça ira, déclinai-je aussitôt pendant que le véhicule se rangeait le long du trottoir.

Tout ce temps en compagnie de mon patron s'était apparenté à un véritable supplice alors que j'étais tourmenté par des pensées qui auraient fait blanchir et dresser tous ses cheveux instantanément. J'en voulais à Damon d'avoir gâché ce qui aurait dû être une journée divertissante.

Je détournai la tête, fuyant l'expression de perplexité de George. À quelques rues de là, la cathédrale Saint-Paul s'élevait. Je me souvenais l'avoir dessinée quand j'étais enfant et que je rêvais de devenir architecte. Dans mon esprit, elle était blanche et scintillante tandis qu'en réalité elle était construite dans une roche calcaire grisâtre et terne. La ville tout entière donnait une impression de saleté. Moi-même, je me sentais couvert de crasse. Quant au soleil, il était masqué par des nuages gris.

Le ciel se rompit ; de grosses gouttes de pluie s'écrasèrent sur la chaussée comme pour me signifier que le moment était venu ou jamais de suivre mon instinct et d'échapper à George.

— Monsieur ? me pressa le cocher avec impatience.

— J'irai par mes propres moyens, déclarai-je en sentant l'hésitation de mon employeur à me laisser seul.

Le cocher l'escorta jusqu'à la porte du véhicule luisant noir.

— Amusez-vous bien, me lança-t-il finalement sur le marchepied.

Le cheval démarra au premier coup de fouet et la calèche descendit la rue pavée baignée de pluie.

J'examinai les alentours. Pendant les quelques minutes au cours desquelles George et moi avions conversé, les artères s'étaient vidées. Je tremblai sous ma chemise élégante. Le climat reflétait à la perfection mon état d'esprit.

Je levai la main et hélai à mon tour une calèche.

— Whitechapel, annonçai-je avec une confiance qui m'étonnait moi-même.

J'avais songé à me rendre au Journeyman sur les traces de Damon – et je le ferais plus tard – mais, pour l'heure, je voulais voir de mes propres yeux l'endroit où le crime avait été commis.

— Tout de suite, monsieur, répondit le cocher.

Alors, je pénétrais au petit trot l'oppressant labyrinthe des rues londoniennes.

Après de longs échanges avec le cocher, il me déposa au carrefour où l'on construisait le Tower Bridge. Au loin, je reconnus la Tour de Londres, plus petite que ce que j'avais cru, avec des fanions, à ses tourelles, qui s'affaissaient plus qu'ils ne flottaient sous la pluie persistante. Seulement, je n'étais pas venu ici en touriste. Je tournai le dos au fleuve afin de m'engager dans Clothier Street, l'une des nombreuses ruelles insalubres, humides et froides qui serpentaient à travers la capitale.

Je constatai immédiatement que cette partie de la ville était aux antipodes de ce que j'avais vu avec George. Des légumes pourris jonchaient la voie glissante. Des immeubles étroits se succédaient, de guingois, manquant de se chevaucher. Une odeur de fer régnait avec force sans que je puisse déterminer si elle émanait du lieu du crime ou de la concentration de gens condamnés à vivre dans une promiscuité aussi poussée. Des pigeons sautaient à cloche-pied sur la chaussée ; à part eux, le quartier était désert. Stressé, je contournai le parc à grands pas en direction d'une taverne.

Je m'engouffrai à l'intérieur. Seules quelques bougies brûlant sur des tables bancales rompaient l'obscurité de l'établissement. Une grappe d'hommes étaient assis au bar tandis que des femmes buvaient dans un coin. Leurs robes aux couleurs vives et leurs chapeaux excentriques, en décalage avec l'environnement lugubre, leur conféraient l'apparence d'oiseaux tropicaux en cage dans un zoo. Je remarquai que personne ne parlait. J'ajustai avec nervosité la bague de lapis-lazuli à mon doigt, suivant du regard l'arc-en-ciel de lumière réfractée que la pierre projetait sur le sol en chêne sali de terre et de gravier.

Après m'être glissé jusqu'au bar, je m'assis sur un des tabourets. L'air, à la fois vicié et moite, était saturé d'odeurs. Le nez froncé de dégoût, je déboutonnai le haut de ma chemise et dénouai ma cravate afin de combattre l'atmosphère étouffante. Je n'aurais pas imaginé que Damon fréquentait ce genre d'établissements.

— Vous êtes un des gamins du journal ?

Je levai les yeux sur le barman, debout, face à moi. Une de ses dents de devant était couverte de métal doré tandis qu'une autre manquait ; ses cheveux gris partaient dans tous les sens. Je secouai la tête. *Je me laisserais bien tenter par un peu de sang.* La phrase avait surgi comme par enchantement dans mon esprit – le genre de blague douteuse qu'aurait parfaitement pu lancer Damon, son jeu préféré consistant à tenter de se trahir ou presque puis d'observer les éventuelles réactions. Évidemment, personne ne relevait jamais, trop subjugué par son charisme.

— L'ami ? insista l'homme qui claquait un chiffon crasseux sur le comptoir. Vous faites partie des journalistes, oui ou non ?

— Non. Et d'ailleurs, je pense m'être trompé d'endroit. Le Journeyman, c'est loin ?

— Ha ! Le Journeyman ? Vous voulez rire ? Ce restaurant guindé. Ils acceptent que les rupins. Pas votre type. Vous entrerez pas non plus, même pas avec votre belle chemise, là. Il vous reste plus qu'à noyer vot'chagrin avec une bonne grande bière !

Il s'esclaffa et une de ses molaires couronnées d'or apparut au fond de sa bouche.

— Donc, le Journeyman est loin d'ici ?

— Oui, l'ami. C'est près du centre, dans le coin des théâtres. Là où les richards vont pour s'amuser. Mais ils viennent ici quand ils veulent jouer les vilains !

Nouvel éclat de rire tandis que, le regard perdu dans le vide, je sentais l'énervement me gagner. Ce n'était pas ici que je trouverais Damon. À moins...

— Une bière, s'il vous plaît. Brune, ajoutai-je soudain inspiré.

Si j'arrivais à faire parler cet homme, peut-être récolterais-je des indices sur le coupable du meurtre de Mary Ann. Parce que, s'il s'agissait de Damon, directement ou indirectement, je comptais bien lui remettre les pendules à l'heure, ainsi que j'aurais dû le faire il y a longtemps. Je ne le tuerais pas ni ne lui planterais un pieu dans le cœur, mais, si l'occasion se présentait et qu'il était à ma merci, le blesserais-je ?

— Oui. Aucun doute là-dessus.

— Quoi ? m'interrogea le barman.

Je me rendis compte que j'avais parlé à voix haute.

— Je disais juste que j'aimerais bien avoir ma bière, inventai-je avec une amabilité affectée.

— Compris, l'ami, répliqua-t-il avec jovialité en se dirigeant d'un pas traînant vers l'un des nombreux fûts qui couvraient le mur, derrière le comptoir. Voilà.

Il poussa un verre du liquide brassé écumeux vers moi.

— Merci.

Je portai le verre à ma bouche pour mimer un homme qui boit alors qu'en vérité je laissai à peine quelques gouttes passer la barrière de mes lèvres. J'avais besoin d'avoir les idées claires.

— Alors vous êtes pas de l'équipe de journalistes, hein ? Mais vous êtes pas du coin non plus, si ? m'interrogea l'homme, accoudé au comptoir, ses pupilles grises au contour cerné de sang rivées à moi.

Je m'adressais si rarement à des gens, à l'exception des Abbott, que j'oubliais facilement que mon accent de Virginie me trahissait dès que j'ouvrais la bouche.

— Je viens d'Amérique, dis-je sans m'étendre.

— Et vous êtes venu jusqu'ici ? À Whitechapel ? releva le barman avec incrédulité. Vous savez qu'y a un meurtrier qui rôde dans les parages ?

— Je pense avoir lu quelque chose à ce propos, oui, répondis-je, faussement décontracté. Ils savent qui c'est ?

À cette question, l'homme lâcha un gros rire gras et cogna du poing avec force la tablette, à deux doigts de renverser mon verre.

— Vous avez entendu ça ? cria-t-il en s'adressant aux hommes absorbés par la consommation de leurs boissons de l'autre côté du bar. Il veut savoir qui est le meurtrier !

Les clients se mirent à ricaner eux aussi.

— Je vous demande pardon ?

— Vous me faites rire, expliqua le barman. On parle pas d'un type qui aurait fauché un sac à main. C'est une brute sanguinaire. Si l'un d'entre nous savait qui c'était, vous croyez pas qu'on irait tout droit à Scotland Yard ou à la police ? C'est mauvais pour les affaires ! La moitié de nos filles sont terrifiées à cause de ce monstre. Et, de vous à moi, dit-il à voix basse en jetant un coup d'œil aux femmes rassemblées dans le coin, je pense que personne est en sécurité. Pour l'instant, il s'en prend aux filles, mais qui dit qu'on est pas les prochains sur sa liste ? Un coup de couteau de sa part et couic ! C'est fini !

Il simula le geste d'un doigt en travers de la gorge.

Ce n'est pas forcément un couteau, voulais-je ajouter mais préférai me taire, le regard droit dans celui du barman.

— Visiblement, il ne commence pas par le cou, reprit-il. Il aime sortir les entrailles de ses victimes, les torturer, les voir se vider de leur sang.

En entendant le mot, je passai machinalement ma langue sur mes dents. Toujours petites et égales. Humaines, en apparence.

— Y a-t-il des pistes ? Les meurtres ont l'air si affreux.

Je grimaçai en formulant ce commentaire.

— Ben... (Le barman baissa encore d'un ton et me considéra sous des sourcils arqués.) D'abord, vous devez me promettre de pas être un de ces journalistes. Ni du *Guardian* ni d'ailleurs.

Je m'exécutai.

— Bien. Au fait, moi, c'est Alfred.

Il me tendit une main que je serrai sans lui donner mon nom en retour. Il n'y prêta pas attention et poursuivit sans détour.

— Je sais que la vie ici doit rien avoir à voir avec la vie bien comme il faut de votre côté de l'océan. (Il jaugea mes tout nouveaux habits, bien trop chic pour sa taverne.) Mais on aime notre façon de vivre. Et nos femmes, ajouta-t-il en remuant ses sourcils poivre et sel.

— Vos femmes...

De mémoire, l'article mentionnait que la victime avait été une femme de la nuit. Exactement le genre de femmes que Damon avait affectionnées un temps. Je frissonnais de répulsion.

— Oui, pas celles que vous risquez de rencontrer à l'église si vous voyez ce que je veux dire.

— Mais celles qu'on prie pour trouver dans notre lit ! claironna un consommateur rougeaud, assis deux tabourets plus loin, son verre de whisky levé pour imiter un toast.

— Pas de ça ici ! C'est un établissement respectable ! s'écria le patron au bar, des éclairs facétieux dans les yeux.

Me tournant le dos, il remplit deux verres d'un liquide ambré. Puis il se retourna et en déposa un devant moi avec cérémonie.

— Pour vous. Ça vous donnera du courage ; il en faut dans le quartier avec le sauvage qui court. (Alfred fit tinter son verre contre le mien.) Même si, personnellement, je vous conseillerais de rester ici jusqu'au lever du jour. Vous pourriez rencontrer une gentille dame. Toujours mieux que de croiser l'Éventreur.

— L'Éventreur ?

— C'est comme ça qu'ils l'ont baptisé, commenta-t-il avec un sourire. Rapport au fait qu'il se contente pas de tuer, il massacre. Je vous le répète : restez ici ; c'est plus sûr.

— Merci, dis-je du bout des lèvres.

Je n'étais pas sûr de vouloir rester. Les parfums ferreux n'avaient pas diminué depuis mon arrivée. Selon moi, ils émanaient du sol et même des murs. Un homme, dans un coin, me toisait avec insistance, et je ne pus m'empêcher de lui renvoyer son regard, cherchant à surprendre des crocs dans sa bouche ou des éclaboussures de sang sur son menton. Derrière moi, les femmes chuchotaient.

— Mary Ann... la dernière victime... elle venait boire ici ? me risquai-je à tout hasard.

À défaut d'avoir trouvé Damon, je décidai de changer de stratégie et de tenter de découvrir tout ce que je pouvais sur la victime de mon frère.

— Paix à son âme, répliqua le barman sur un ton révérencieux. C'était une bonne fille. Elle passait de temps à autre, quand elle avait assez pour s'offrir un gin. On fait pas l'aumône ici, et les filles ont toujours su qu'elles devaient payer comme les autres pour consommer. Ça fonctionnait bien comme système. Les habitués laissaient les filles tranquilles quand elles étaient dans la rue sauf quand elles voulaient faire affaire. Et elles respectaient les règles du bar. Seulement maintenant, tout s'est écroulé. Si jamais je trouve le type qui a fait ça, je lui tranche la gorge, promit Alfred avec hargne en frappant du poing sur la table.

— Est-elle partie avec quelqu'un ? Vous l'avez déjà vu accompagnée ? insistai-je.

— Je l'ai vue avec beaucoup d'hommes au fil des ans. Mais aucun qui se démarque en particulier. La plupart travaillaient sur les docks. Des gars un peu brutes mais aucun capable d'un truc pareil. Ces types cherchent pas les ennuis ; tout ce qu'ils veulent, c'est une bonne pinte et une jolie fille. En plus, elle est partie toute seule ce soir-là. Des fois, quand il y a trop de monde ici, elles vont dans la rue, là où il y a moins de concurrence. Mais avant de partir, elle s'est bien amusée : elle a bu du gin, elle a ri. Elle avait un nouveau chapeau dont elle était très fière. On aurait dit qu'il attirait les hommes. Les bons, pas ceux qui font semblant d'avoir de l'argent. Si seulement elle était restée... Dieu la garde, conclut Alfred, les yeux levés au plafond.

— Et son corps...

— Ah, ça ! Son corps a été retrouvé à Dutfield Park. Les filles y vont quand elles peuvent pas se payer une chambre. Ce qui se passe hors de mon bar, c'est point mes affaires. Mais c'est là qu'il l'a attrapée et qu'il lui a tranché la gorge.

Je hochai la tête en réfléchissant à tous les espaces verts mal entretenus que j'avais longés en venant. Les mauvaises herbes, les détritus et la peinture écaillée des grilles en fer forgé conféraient au quartier un caractère plus lugubre encore.

— Et si pour finir, vous êtes un de ces journalistes, j'ai rien dit. À propos, comment vous vous appelez ?

— Stefan.

Je bus une lampée de whisky, qui échoua totalement à dénouer le nœud dans mon estomac. Un tueur sans cœur se promenait dans la nature et rien ne pouvait l'arrêter.

— Eh bien, Stefan, bienvenu à Whitechapel. (Il leva son deuxième verre.) Et souvenez-vous : mieux vaut un trait de whisky dans la gorge que la lame d'un meurtrier en travers.

J'esquissai un demi-sourire en trinquant avec mon nouvel ami.

— Et moi, et moi ! réclama un des ivrognes à l'extrémité opposée du bar.

J'espérais sincèrement pour eux que le whisky qui coulait à flot ici ne les mènerait pas à leur perte.

Mieux vaut connaître son démon plutôt que l'inverse. Les paroles flottaient dans mon esprit. Lexi les répétait souvent et avec le temps, je les trouvais de plus en plus vraies. Parce que aussi affreux le crime soit-il, s'il était signé Damon, au moins je n'aurais pas à me soucier d'un autre vampire. Néanmoins, plus j'y réfléchissais, assis là dans ce bar, plus j'étais hanté par une pensée : et si ce n'était pas mon frère mais un autre vampire ?

À l'autre bout du comptoir, Alfred conversait avec d'autres clients. Une pluie battante frappait les carreaux et je me mis à songer au repaire de renards à l'orée de la propriété des Abbott. Des familles entières d'animaux vivaient blottis les uns contre les autres, dans l'attente du moment où ils pourraient rejoindre la forêt en toute sécurité. Les plus malchanceux parmi eux seraient frappés par une balle de chasseur.

Je balayai à nouveau le pub des yeux. Une femme dans une robe lilas eut l'audace de caresser l'épaule d'un homme. La véritable question était : comment distinguer les renards des chasseurs ? Je priais pour entrer dans la seconde catégorie.

4.

La taverne se remplissait à vue d'œil mais toujours aucune trace de Damon. Je me persuadais que je restais afin de récolter davantage d'indices mais, en vérité, je ne savais pas quoi faire d'autre. Patienter devant le restaurant ? Parcourir en tous sens les rues de Londres en attendant une rencontre fortuite avec mon frère ? Rester assis dans Dutfield Park jusqu'à une prochaine attaque ? La dernière option me tentait le plus bien qu'elle ait été ridicule. Premièrement, pourquoi le meurtrier frapperait-il deux fois au même endroit ? Deuxièmement, comment réagirais-je si je tombais nez à nez avec lui ? Je crierais ? J'appellerais la police ? Je trouverais une branche en guise de pieu en priant pour que cela suffise ? Aucune de ces solutions ne me paraissait idéale. Et si le meurtrier n'était pas Damon… eh bien, je n'aurais plus qu'à affronter un ennemi sorti tout droit de l'Enfer. J'étais fort mais pas à ce point. Par conséquent, il me fallait un plan, et un bon.

J'observais les clients au fur et à mesure qu'ils arrivaient au pub. Chacun d'entre eux semblait dans un état plus piteux que le précédent, mais, heureusement, ils avaient également l'air tout à fait humain. De toute évidence, certains hommes aux ongles cassés, vêtus de chemises sales, arrivaient directement du travail sur des chantiers tandis que d'autres, empestant l'eau de Cologne et glissant des œillades aux femmes, attablées en retrait, n'étaient ici que pour une raison apparente : fréquenter les filles de la nuit. En effet, à chaque fois qu'une femme fardée à outrance avec des habits criards pénétrait dans l'établissement, la gent masculine la scrutait avec la concentration d'un groupe de parieurs jaugeant des chevaux sur un hippodrome.

L'apparat de ces femmes contrastait fortement avec celui de la fille chargée, apparemment, de servir en salle. Elle ne devait pas avoir plus de seize ou dix-sept ans ; aussi menue qu'un geai, elle avait les bras couverts d'assiettes et de pintes de bière. À un moment, je la vis se précipiter en cuisine, marquant une pause en chemin le temps de débarrasser une table voisine. Quelques morceaux de viande, des pommes de terre et un petit pain à moitié entamé traînaient sur une assiette. Elle l'étudia longuement avant de glisser subrepticement la viande dans sa poche. Ensuite, elle enfourna ce qui restait de pain dans sa bouche, les joues gonflées, tel un hamster. Enfin, elle se rua en cuisine.

Je fermai les paupières. J'avais cessé depuis longtemps de prier et je ne pensais nullement que Dieu soit disposé à écouter mes requêtes mais j'espérais une chose : que cette adolescente sans défense ne s'approcherait pas une seconde de Dutfield Park. Ni, d'ailleurs, du moindre vampire assoiffé.

— Un peu de bon temps, ça t'dit, chéri ? m'aguicha une grande femme aux boucles blondes et aux dents de travers, perchée sur un tabouret en bois, face à moi.

Sa poitrine blanche ressortait de son corsage.

— Non, désolé, refusai-je avec brusquerie en agitant une main.

Un souvenir de La Nouvelle-Orléans me revint à l'esprit. Il remontait aux premières semaines de ma vie de vampire, alors que j'avais soif de sang et la fâcheuse manie de foncer la tête la première. J'avais entraîné mon frère dans une maison peu fréquentable. Sur place, j'avais vidé de son sang une jeune femme, persuadé que personne ne remarquerait ni ne s'affecterait de sa disparition. Je ne me rappelais même plus son prénom. Avais-je seulement pris la peine de le lui demander ? Ce genre de détail me plongeait dans une détresse mentale totale, et ici, entre les murs de cette taverne humide et froide, je ne parvenais pas à échapper à ces retours en arrière instantanés. Tout concourait à me prouver que, indépendamment du nombre de personnes auxquelles je porterais secours, mes bonnes actions ne suffiraient pas à laver le sang que j'avais fait couler et qui, jusqu'à la fin des temps, salirait mes mains. Enfin, je pouvais toujours essayer. Et j'accomplirais tout ce qui était en mon pouvoir pour empêcher ces femmes de mourir entre les griffes de ce démon.

Je reportai mon attention sur le journal, froissé dans mes paumes couvertes d'encre. Je pouvais quasiment réciter l'article par cœur mais ne réussissais toujours pas à comprendre. Pourquoi le tueur l'avait-il laissée ainsi, comme s'il avait voulu qu'on la trouve ? Si telles étaient ses intentions, il devrait redoubler de prudence pour brouiller les pistes et couvrir ses arrières.

— Qu'est-ce que je vous sers, très cher ? chanta une voix mélodieuse.

Je levai les yeux sur la serveuse fluette aux grands yeux bleus, vêtue d'une robe rose en lambeaux et maculée sous son tablier blanc crasseux. Sa chevelure auburn descendait dans une longue tresse jusqu'à mi-dos. Des taches de rousseur émaillaient la peau lisse, ivoire, de son visage anguleux. Elle ne cessait de se mordre les lèvres dans un réflexe nerveux qui me rappelait un peu Rosalyn, avec qui j'avais autrefois été fiancé. Seulement, même la vigilance extrême de cette dernière ne l'avait pas sauvée d'une mort entre les griffes d'un vampire. Une vague d'empathie pour cette fille me submergea soudain.

— Que me suggérez-vous ? répondis-je en reposant le journal. S'il vous plaît.

Mon ventre grondait de faim mais ce dont j'avais le plus envie ne figurait pas au menu.

— Eh bien, un grand nombre de clients ont commandé le poisson… expliqua-t-elle avec distraction.

Même d'où j'étais, je percevais les battements de son cœur, aussi légers et rapides que ceux d'une hirondelle.

— Ça m'ira parfaitement, approuvai-je en m'efforçant de ne pas songer à l'argent qui, dans ma poche, disparaissait dangereusement.

— C'est noté, monsieur.

La fille tourna sur-le-champ les talons.

— Attendez ! la rappelai-je.

— Oui ?

L'inquiétude se lisait dans ses yeux. Elle ressemblait à Oliver lorsqu'il redoutait que Mme Duckworth le dispute. Quelque chose dans sa manière très volontaire de s'exprimer, ses mouvements réfléchis et ses iris perçants me donnait l'impression qu'elle avait vu ou entendu des choses en lien avec le meurtre.

C'était plus qu'une timidité adolescente ; elle avait l'air hantée.

— Oui ? répéta-t-elle, le front plissé. Ne vous sentez pas obligé de commander le poisson surtout. Nous avons aussi de la tourte au bœuf et aux haricots…

— Non, le poisson, c'est bien. Mais puis-je vous poser une question ?

Elle jeta un bref coup d'œil en direction du bar. Constatant qu'Alfred était en pleine conversation avec un client, elle s'avança de quelques pas sur la pointe des pieds.

— Bien sûr.

— Connaissez-vous le comte DeSangue ?

— Le comte DeSangue ? On ne fréquente pas de comtes ici.

— Oh, dis-je, déçu.

Évidemment. La serveuse continua ses allers-retours entre Alfred et moi.

— Et la fille… qui s'est fait assassiner ?

J'avais la sensation d'être à une fête de l'église à Mystic Falls, m'enquérant du prénom de la cousine de Clementine qui connaissait la cousine d'Amelia.

— Mary Ann ? Non. (La fille pinça les lèvres et recula d'un pas.) Je ne suis pas comme ça.

— Violet ? l'appela Alfred depuis l'autre côté du comptoir.

— Oui, monsieur ! glapit-elle. Inutile de m'arracher la tête, ajouta-t-elle sous cape.

Elle sortit de la poche de son tablier un carnet et s'empressa d'y gribouiller quelques mots au crayon comme si elle prenait une commande. Après, elle déchira la feuille et la posa sur la table.

Vous êtes de la police ?
Ma sœur a disparu. Cora Burns.
Aidez-moi s'il vous plaît. J'ai peur qu'on l'ait tuée.

Je frémis à la lecture du message.

Au même instant, la fille ressortit des cuisines, une assiette fumante en main.

— Et voilà votre plat, monsieur.

Elle me servit avec une petite révérence une assiette sur laquelle un pavé de poisson argenté était recouvert d'une épaisse couche de crème gélatineuse.

— Je ne suis pas de la police, non, dis-je en la fixant droit dans les yeux.

— Tant pis. J'avais cru, avec toutes vos questions... (Elle rougit à ce commentaire.) Je vous demande pardon : je n'aurais pas dû vous déranger.

Affichant une mine soupçonneuse, elle s'écarta de quelques pas et je me rendis compte qu'elle devait me confondre avec le reste des individus louches qui fréquentaient le bar et dont la gentillesse et l'intérêt de départ n'étaient qu'un moyen de s'attirer ensuite ses faveurs.

— Ne partez pas ! Je vais peut-être pouvoir vous aider. Mais d'abord, pourrions-nous discuter ?

— Je ne sais pas, dit-elle en dardant sur la salle des regards anxieux.

— Asseyez-vous.

Elle obéit, mal à l'aise, de toute évidence. Je poussai légèrement l'assiette vers elle.

— Vous en voulez ?

Je plongeai mes yeux dans les siens ; de sa cage thoracique me parvenaient des battements de cœur accélérés. Je devinais qu'elle était affamée.

— Tenez, l'encourageai-je en avançant encore l'assiette.

— Je n'ai pas besoin de votre charité, rétorqua-t-elle, un trait de fierté dans la voix.

Pourtant, je la surpris à jauger à nouveau mon plat.

— Je vous en prie : mangez. Vous avez l'air d'avoir faim. Je vous offre volontiers mon repas.

Elle examina la nourriture avec méfiance.

— Pourquoi ?

— Parce que je n'ai pas vraiment d'appétit. Et vous semblez avoir eu une journée éprouvante. Je m'appelle Stefan. Et vous êtes... ?

— V... Violet, bégaya-t-elle.

La fourchette en main, elle enfourna un morceau de poisson, puis un autre, dans sa bouche. Voyant que je la suivais des yeux, elle se tamponna les lèvres, timide, avec une serviette.

— Vous êtes un homme bien, Stefan.

— J'essaie.

Je haussai les épaules et esquissai un léger sourire. Elle était plus réservée que Callie mais avait nettement plus de cran que Rosalyn. Intérieurement, j'avais acclamé son invective secrète à l'encontre d'Alfred. Elle avait du courage, et cette qualité, à n'en pas douter, était ce qui la sauverait.

— Donc, en ce qui concerne Cora...

— Chhh ! me coupa Violet.

D'un coup d'œil par-dessus mon épaule, je vis que le patron du bar quittait son comptoir pour fondre sur notre table. Sans me laisser le temps de réagir, il empoigna Violet par les cheveux et, d'un coup sec, lui arracha un cri de douleur.

— Où tu te crois, gamine ? gronda-t-il, toute trace de jovialité ayant quitté son visage. Alors comme ça, on mendie pour de la nourriture comme une clocharde maintenant ?

— Non, monsieur. Laissez-la. C'est moi qui l'ai invitée à s'asseoir à ma table. Moi ! expliquai-je en m'empressant de soutenir le regard d'Alfred, qui avait les poings serrés.

— Elle ne mérite pas de dîner avec mes clients. Dans la rue, c'est là qu'est ta place ! hurla Alfred en dépit de mes protestations. Tu ne vaux pas mieux que ces femmes, là-bas, au contraire. (D'un coup de menton, il indiqua le trio qui s'obstinait à toiser la clientèle masculine.) Au moins, elles ont quelque chose à offrir, elles, conclut-il, les joues cramoisies.

— S'il vous plaît, monsieur ! intervint Violet, parcourue de violents soubresauts.

Son patron ouvrit un peu la paume dans laquelle il serrait une poignée de cheveux mais ne desserra pas les mâchoires pour autant.

— Je ferai tout ce que vous voudrez. Mais ne me congédiez pas, je vous en supplie.

— Te congédier ? Mais tu n'es même pas mon employée. Ta sœur décide de ne pas venir travailler alors elle t'envoie à sa place. Tu es trop fragile pour porter quoi que ce soit et pas assez jolie pour donner envie aux clients de revenir. Alors je te donne une tâche. Une. Prendre les commandes et les apporter au chef. Et même ça, tu n'en es pas capable ! tempêta Alfred.

— S'il vous plaît ! m'interposai-je désespérément, une main sur le bras de l'homme.

J'avais seulement l'intention de le dissuader d'empoigner à nouveau Violet mais emporté par mon élan, j'oubliai ma force. Son bras vola vers l'arrière, le propulsant loin de la jeune femme.

Il chancela jusqu'à une table, et l'assiette de poisson se renversa par terre dans un grand fracas. Violet affichait une mine terrifiée, et je m'aperçus tout à coup que le brouhaha ordinaire s'était mué en silence digne d'une assistance écoutant un sermon à l'église.

Alfred, se frottant le bras avec un air renfrogné, semblait réfléchir à la légitimité de se lancer dans une bagarre.

— Eh bien, commença-t-il après s'être raclé la gorge.

— Je suis désolé mais elle ne faisait rien de mal. Je l'ai simplement priée de se joindre à moi et lui ai offert mon repas, me justifiai-je posément en dépit de ma colère – il fallait que je me contrôle. Vous comprenez ?

— Oui.

Il détourna le regard vers Violet.

— C'est bien vrai, fille ? l'interrogea-t-il brutalement.

— Oui, dit-elle d'une voix ténue. Et j'ai refusé mais vous répétez sans arrêt que le client a toujours raison alors j'ai pensé que vous voudriez que je fasse ce qu'il demandait...

Alfred l'interrompit d'une main levée avant de pivoter vers moi.

— J'ignore ce que vous aviez derrière la tête, mais laissez-moi vous dire que Violet n'est pas disponible, me prévint-il avec raideur sans cesser de frictionner son bras. Si c'est de rencontrer une dame qui vous intéresse, il y en a que je serais ravi de vous présenter. Je sais que vous n'êtes pas de la région mais c'est mon bar, et c'est moi qui établis les règles ici. Nous sommes bien d'accord ? Quant à toi, dit-il à l'intention de Violet, dehors !

Il pointa la porte.

— Poupée, je peux te tenir chaud ce soir, moi, si tu vois ce que je veux dire ! lui lança un des clients en tendant la main pour lui pincer les fesses.

Un autre homme, à son tour, la tripota. Pourtant, la fille ne cilla pas, le regard fixe, droit devant, malgré les ruisseaux de larmes tombant sur ses joues ; elle franchit la porte de l'établissement qui se referma dans un bruit sourd.

— C'est mieux ainsi, jugea Alfred, les bras croisés. Ce n'est pas vous qui dirigez ce bar. C'est moi. Et elle vous importunait.

— Elle ne m'importunait nullement !

Je jetai une poignée de shillings sur la table et m'approchai de lui avec un air menaçant. Un éclair de peur passa sur le visage de l'homme. J'envisageai un instant de passer mes nerfs sur lui mais à quoi bon ? Violet était partie. Et chaque seconde qui s'écoulait était une seconde de plus où elle courait un danger.

Je m'élançai hors du bar sans me retourner puis m'enfonçai dans l'obscurité. Seules quelques étoiles perçaient le brouillard gris londonien. Je sortis ma montre à gousset – un présent reçu de Winfield Sutherland, à New York. Après toutes ces années, elle fonctionnait toujours. Bientôt minuit. L'heure fatale.

Un croissant de lune brillait, haut, dans le ciel. La brume, si humide que je sentais des gouttelettes sur ma peau, s'enroulait autour des bâtiments délabrés, aux alentours. J'avançais le cou tendu, tel un chien de chasse. Des rires s'échappaient de la taverne mais j'avais beau prêter l'oreille, je ne retrouvais pas l'écho des battements cardiaques de Violet.

Je l'avais perdue.

Je balayai les environs des yeux, cherchant à me repérer. Contrairement à l'ambiance grouillante du pub, le reste du quartier était désolé. Il me rappelait vaguement certaines villes que j'avais traversées lors de mon trajet en train entre La Nouvelle-Orléans et New York, si ravagées par la guerre qu'il ne restait plus personne.

Je couvris le dédale de rues à l'aveuglette. Je voulais retrouver Violet à tout prix. Avec le solde de ma paie, je devais pouvoir lui louer une chambre. Mais comment faire pour la retrouver dans une ville inconnue dont les avenues et ruelles semblaient avoisiner le million ? C'était impossible.

Après quelques instants, j'arrivai à un parc. Disons plutôt un carré de verdure qui avait dû, autrefois, être un parc. L'herbe, flétrie, avait jauni et les arbres avaient l'air malade ; la peinture des bancs s'effritait et tous les réverbères étaient éteints. Je ne pus réprimer un frisson. S'il s'agissait de Dutfield Park, c'était en effet le lieu idéal pour commettre un meurtre.

J'inclinai la tête. Les battements des cœurs de lapins, d'écureuils et même d'un renard parvenaient jusqu'à moi. Quand tout à coup, je le reconnus – ba-boum, ba-boum.

— Violet ! l'appelai-je.

Ma voix se brisa. J'enjambai sans effort la grille en fer forgé pour me diriger à vive allure vers les bois, au centre du parc.

Je criai à nouveau le nom de la jeune fille tandis que les pulsations cardiaques se rapprochaient.

Alors, un cri strident fendit l'air, suivi d'un silence de mort.

— Violet ! hurlai-je, mes crocs perçant mes gencives.

Je traversai les bois à vive allure comme si je courais dans les airs plutôt que sur le gravier ; je tentai d'anticiper le moment où je découvrirais Damon, la bouche sur le cou de Violet, les crocs enfoncés. Mon frère, face à moi, des gouttes de sang sur le menton, arquant ses sourcils et m'accueillant du mot qui manquait toujours de faire exploser mon cerveau de fureur…

— Au secours ! éclata une voix féminine.

— Violet !

Je me précipitai dans une direction puis une autre, l'oreille tendue vers le rythme caractéristique. Quand soudain, je l'aperçus, debout, tremblante, près d'un bec de gaz sans lumière. Elle avait le teint aussi pâle que son tablier mais elle était en vie. Et je ne voyais pas de sang.

— Violet ? demandai-je en ralentissant la cadence pour marcher.

Mes pieds crissaient sur les broussailles sèches. En des temps plus heureux, le sentier forestier avait dû être consacré aux promenades du dimanche après-midi. Un petit bâtiment en briques abandonné ayant vraisemblablement servi de logis à l'ancien garde du parc se hissait au sommet d'une butte. Violet la fixait, sa bouche ouverte dans un O d'horreur.

Je suivis son regard. Le croissant de lune éclairait juste assez pour me permettre de distinguer sur le mur latéral des lettres rouges, dont les contours oxydés ressortaient sur les pierres, comme si elles avaient été éclairées par une bougie, derrière :

SALVATORE : JE ME VENGERAI.

J'examinai la phrase, le souffle coupé. J'avais l'impression qu'une main invisible venait de me frapper. Quelqu'un était à nos trousses. Et ce quelqu'un n'était pas mon frère. Pire encore : et si c'était Damon qui avait des ennuis ? Cela ne m'étonnerait pas de mon frère qu'il ait été impliqué dans une fatale querelle de vampires. C'était après tout ce qui s'était passé à New York.

Je clignai des yeux. Je n'avais vu un message aussi effroyable qu'une fois dans ma vie : chez les Sutherland, quand Lucius, le laquais de Klaus, s'était acquitté du désir de vengeance des vampires des Origines envers mon frère et moi. Vingt ans plus tôt, nous lui avions échappé de justesse. Se pouvait-il qu'il soit revenu terminer cette mission ?

Si Klaus était de retour, je devais absolument avertir mon frère. Soudain, tout faisait sens : mes redoutables cauchemars, mes mauvais pressentiments. Damon était en danger. Que cela me plaise ou non, j'avais compris le message et accouru aussitôt. Et quoi que je fasse, mon rapport avec le meurtre n'était plus une intuition : j'y étais officiellement lié à présent. Aucun retour en arrière ne serait possible.

— Au secours ! Aidez-moi ! s'époumona Violet, les yeux exorbités de panique.

Je me précipitai vers elle et plaquai ma main sur sa bouche pour l'empêcher de hurler davantage. J'avais traqué Damon dans le passé, mais désormais, c'était à mon tour d'être la proie. Lui et moi n'étions que de simples renards en cavale à travers la ville, sans savoir si le chasseur sur notre piste était devant nous, derrière nous ou encore tapi dans un coin à attendre le meilleur moment pour passer à l'attaque et nous prendre par surprise.

5.

À cet instant, tandis que je gardais les yeux fixés au message sanglant, le temps s'arrêta. Ou plutôt, il remonta vingt années en arrière, de l'autre côté de l'océan, dans le salon de la résidence de Central Park des Sutherland, face au spectacle d'un carnage accompagné d'un message cru d'une violence similaire.

Damon était à mes côtés à l'époque et ce fut à ce moment précis que je me rendis compte que, tous deux, nous n'étions que des enfants dans les bois, des garçons jouant aux similimonstres. En découvrant les mots rédigés avec le sang des Sutherland, nous avions finalement saisi que le mal à l'état pur existait au-delà de notre imagination.

Et les choses n'avaient fait qu'empirer par la suite. Lorsque Lucius nous avait trouvés et capturés Damon et moi, il nous avait ensevelis vivants dans un tombeau, nos appels restant vains. Klaus et son laquais étaient des vampires des Origines, des créatures venues directement de l'Enfer pour lesquelles la bonté humaine ne constituait même pas un vague souvenir, d'où l'impossibilité de mettre un terme à leur carnage. Et maintenant, l'un d'eux me poursuivait.

Une fraction de seconde pourtant, je sentis quelque chose s'éveiller en moi. Une sorte de vacillement, si subtil et inédit que je le remarquai à peine. Quand tout à coup, je compris ce dont il s'agissait : de l'espoir.

Cette fois, je n'étais pas mal préparé. J'étais plus âgé, plus sage, plus fort. Je pouvais les arrêter.

J'allais y veiller.

— Violet ! dis-je sèchement, ma main toujours plaquée sur sa bouche.

Elle me fixait, affolée, sans vraiment me voir.

— C'est Stefan. Nous nous sommes rencontrés à la taverne. Vous pouvez avoir confiance en moi. Vous *devez* me faire confiance.

Le parc se terminait à une centaine de mètres. À la vitesse d'un vampire, cela ne prendrait pas plus de quelques secondes d'en sortir. Je ne me sentais pas en sécurité ici. Ce n'était pas beaucoup mieux que l'atmosphère oppressante des rues de Londres mais au moins, là-bas, avec la proximité des piétons, le tueur était moins susceptible de frapper.

— Ne restons pas ici.

Elle inspira profondément mais continua à me résister lorsque j'essayai de l'emmener.

— Violet, écoutez-moi, commençai-je en invoquant mes pouvoirs de persuasion.

Une branche craqua dans les bois et me fit tressaillir. Plus de temps à perdre : Klaus pouvait être n'importe où.

— Violet, faites-moi confiance. Vous devez vous taire et m'écouter. C'est bien compris ?

Je sentis mes pensées s'infiltrer dans son esprit : sa résistance mentale cédait.

Alors, une étincelle brilla dans ses pupilles. Je n'aurais pu affirmer avec certitude si j'avais réussi à l'influencer ou si c'était un effet de la fatigue mais je voulais y croire. J'ôtai ma main de sa bouche ; elle battit des paupières avec un air hébété.

— Vous êtes en sécurité avec moi, mais nous devons quitter le parc. Je vais vous porter, la prévins-je avant de la mettre sur mon épaule.

Je quittai précipitamment les bois pour m'engouffrer dans les rues. Je courus, toujours plus vite, sur la chaussée aux pavés irréguliers, le long de la Tamise dont la surface lisse réfléchissait la lune et les étoiles. J'enchaînai les avenues et les ruelles jusqu'à rejoindre finalement une partie de la ville illuminée de multiples réverbères et remplie de promeneurs. Même à cette heure avancée de la nuit, ils sillonnaient les rues comme en plein jour. Je marquai une pause en m'abritant sous un auvent. Malgré la chaleur moite qui persistait à coller à la nuit de fin d'été, les épaules nues des femmes étaient drapées de fourrures tandis que les hommes portaient des hauts-de-forme et des complets. Des dizaines de chapiteaux coloraient les rues de chaque côté.

Je posai Violet à terre. Nous restâmes un instant face à face, debout, cernés par la foule de piétons qui se déversait de chaque côté de nous.

Violet se remit à paniquer immédiatement, et je devinai que, sans mon influence, elle recommencerait à crier.

— Chhh ! tentai-je de la calmer. Chhh !

Je lui frottai les épaules. Plusieurs passants se retournèrent pour nous observer.

— Écoutez-moi, chuchotai-je pour imposer le ton de la conversation. Vous ne craignez rien avec moi. Je suis votre ami.

Elle continua à renifler, les yeux rougis et les cheveux emmêlés en des nattes épaisses encadrant son visage.

— Vous êtes en sécurité, répétai-je sans la quitter des yeux.

Elle hocha doucement la tête.

— Il faut que vous me fassiez confiance. Vous vous en sentez capable, Violet ? Rappelez-vous : je suis quelqu'un de bien. Vous l'avez dit vous-même.

De ma poche, je tirai un mouchoir blanc tout juste acheté chez le tailleur ; à présent, toutefois, l'achat semblait remonter à une éternité.

Je le lui tendis et elle se mit à pleurer à chaudes larmes. Les promeneurs qui s'étaient arrêtés pour nous dévisager reprirent leur chemin, rassurés sur le fait qu'ils n'avaient pas à intervenir.

Je laissai Violet tranquille, ne voulant surtout pas la manipuler mentalement une seconde de trop. Elle avait l'air si innocente que je culpabilisais d'user de mes pouvoirs sur elle, même si c'était pour sa propre protection.

— St… Stefan, dit-elle, essoufflée. Le sang… Le message… C'était le meurtrier ?

Ses sanglots reprirent. Elle était proche de l'hystérie à présent.

— Chhh. (J'imitai le bruit des vagues que j'avais entendues sur le bateau qui m'avait conduit en Angleterre.) Chhh.

Violet emplit ses poumons avant de poursuivre :

— Et s'il a ma sœur ? Elle a disparu depuis hier ; je suis sans nouvelles. Alors je me suis dit…

— Non, niai-je avec force tout en regrettant de n'avoir aucune certitude absolue.

— Je ne peux pas retourner à la taverne, résuma Violet d'une petite voix.

— C'est inutile.

J'entourai délicatement son poignet de ma main pour la tirer à l'écart. À la lumière du bec de gaz, elle paraissait si blême, ses traits tirés. J'éprouvai un vif élan de compassion envers elle. À cet instant, elle n'avait que moi.

— Allons vous trouver un endroit où dormir, décidai-je afin de me ressaisir.

— Mais je n'ai pas d'argent, s'inquiéta-t-elle, les mains plongées dans les poches de son tablier.

— Ne vous tourmentez pas. Je me charge de tout.

Je balayai du regard les environs à la recherche d'un hôtel ou d'une taverne où nous pourrions prendre nos marques. Les lumières des réverbères perçaient le brouillard. Une enseigne, plus loin dans la rue, attira mon attention : CUMBERLAND HOTEL.

— Là-bas, proposai-je en prenant Violet par la main.

Ensemble, nous gravîmes les marches en marbre couvertes d'un tapis rouge pour franchir les portes dorées à l'or que retenait un maître d'hôtel en costume trois-pièces. Avec Lexi, j'avais séjourné dans certains des hôtels les plus somptueux d'Amérique mais j'eus tôt fait de m'apercevoir que cet établissement concourait dans une tout autre catégorie. Des bouquets de fleurs fraîches trônaient dans de grands vases ronds en cristal sur toutes les surfaces polies et luisant sous des lustres en or massif. L'homme derrière le comptoir nous considéra avec suspicion.

— Je peux vous aider, monsieur ? lança-t-il sans prendre la peine de dissimuler son dégoût à l'égard de l'apparence dépenaillée de Violet.

Du coin de l'œil, je vis une femme en robe en mousseline de soie argent avec une traîne remonter l'escalier, suivie de deux servantes. Dans un coin, deux hommes en smoking vidaient des verres de whisky au bar. Mes épaules se détendirent soudain. Pour l'instant, nous étions hors de danger.

— Monsieur ? me pressa le réceptionniste.

— Oui.

Je m'éclaircis la voix. Il fallait me reprendre si je voulais parvenir à l'influencer. C'était une chose de manipuler une fille morte de faim et au bord de l'hystérie ; c'en était une tout autre d'agir sur un homme à l'esprit clair.

— Oui, vous pouvez m'aider, développai-je en m'approchant du comptoir recouvert d'une tablette en marbre, avec Violet, terrifiée, sur mes talons.

Le lobby, décoré à l'ancienne, était faiblement éclairé ; des dizaines de candélabres paraient la pièce d'un halo orangé qui projetait sur les murs de vastes ombres.

Chaque fois qu'une des ombres bougeait, je jetais un coup d'œil par-dessus mon épaule.

— Que puis-je pour vous ? insista l'employé à l'accueil.

Les épaules dégagées, je plongeai mes yeux dans les siens, gris et perçants. Je visai ses pupilles et centrai mon regard jusqu'à ne plus voir que du noir.

— Il nous faut une chambre.

— Je suis désolé : nous sommes complets.

— Je reconnais que je m'y prends un peu tard, mais vous devez avoir une chambre réservée pour les membres de la royauté lorsqu'ils sont en visite, n'est-ce pas ? Ma femme et moi en avons besoin.

— Mais Stefan ! glapit Violet dans mon dos.

Le regard toujours fixe, sur le réceptionniste, je plaçai délicatement mon pied sur celui de la jeune fille en guise de mise en garde. Lexi m'avait appris cette astuce consistant à réclamer la chambre réservée aux personnalités. La réussite était garantie.

— La meilleure chambre, ajoutai-je.

— La meilleure chambre, répéta-t-il lentement en feuilletant des papiers. Naturellement. La suite de la reine Victoria. Elle a séjourné ici, vous savez.

— Excellent. Je suppose que nous saurons l'apprécier autant qu'elle, commentai-je avec un faux accent britannique.

— Je l'espère, monsieur… ?

— Pine.

C'était le premier nom qui m'était venu à l'esprit. *Dépêchez-vous*, pensai-je. Je sentais mes pouvoirs décliner, mon dernier vrai repas remontant à presque une journée.

— J'ai besoin de la chambre pour une semaine au moins, ajoutai-je en espérant que je serais loin d'ici là.

L'homme approuva d'un signe de tête, ce qui me fit sourire, satisfait de constater que je pouvais encore influencer les gens : mes pouvoirs n'avaient pas disparu. J'avais vingt années d'expérience à mon actif. Dans le passé, je ne m'étais pas senti prêt à affronter Klaus mais, désormais, ce serait différent.

— Le portier va vous montrer votre chambre. Votre femme et vous avez des bagages ?

Je fis signe que non. Au même moment, un grand maître d'hôtel à la mine morose contourna le bureau de la réception et offrit son bras à Violet.

— Oh ! repris-je d'une voix si basse que personne, pas même Violet, ne put entendre. Mettez la note sur mon compte.

— Bien sûr, monsieur. (Il glissa une grosse clé métallique sur le comptoir.) Bon séjour parmi nous.

Un demi-rictus aux lèvres, j'emboîtai le pas du portier et de Violet dans le majestueux escalier aux moulures dorées pour gravir plusieurs étages jusqu'à une porte blanche : la seule de tout le palier.

— Si vous permettez.

Le portier me prit la clé des mains pour la glisser dans la serrure. Pompeusement, il ouvrit la porte puis, après avoir déposé un chandelier en argent sur une console en cerisier, il se dépêcha d'allumer les diverses chambres de la suite.

Violet laissa échapper un petit cri de surprise juste avant de se plaquer une main sur la bouche.

— Merci, congédiai-je le portier en sortant de ma poche râpée un de mes derniers shillings.

La pièce dans sa paume, il m'ausculta d'une mine curieuse. Je ne l'avais pas influencé et me rendais bien compte que le fait que nous portions quasiment des haillons sans avoir de bagage attisait ses soupçons.

Je fermai la porte dans un grincement et la verrouillai.

— Stefan ? m'interpella Violet avec timidité.

Émerveillée, elle admirait la chambre. Elle avança dans un cercle, caressant les épais rideaux de velours, le bureau en chêne et le papier peint fleuri comme pour se persuader qu'ils étaient réels.

— Nous ne craignons plus rien à présent. Il est tard : nous ferions mieux de nous reposer. (J'indiquai le lit massif, au centre de la pièce principale.) Je vais dormir dans la chambre voisine. Nous parlerons demain matin.

— Bonne nuit, Stefan. Et merci.

L'air fatigué, elle esquissa un sourire puis se dirigea vers le lit. Je refermai la porte dans un clic puis m'installai sur le canapé de la pièce adjacente, organisée comme un salon. Dans mon esprit fusaient toutes sortes de pensées ; je ne savais dans quel ordre prendre les questions. Qu'allais-je faire de Violet ? Comment agir vis-à-vis de Klaus ? De Lucius ? D'un côté, je voulais m'enfuir pour retourner à Ivinghoe, où mon unique souci consistait en une vache ayant renversé la clôture à coup de patte. À l'inverse, je savais que j'étais tenu de rester à Londres. Je ne pouvais plus échapper à cette affaire. Tant que je n'aurais pas résolu le mystère de ce meurtre, d'autres personnes risquaient de mourir.

De terrifiants scénarios se bousculaient dans ma tête. Bientôt le jour se leva. Par la fenêtre, en dessous, les rues semblaient bien ordonnées : la civilisation moderne et raffinée à son apogée. Même l'asphalte luisant de pluie paraissait noble. Seulement, je n'étais pas dupe de cette illusion. Les vampires frappaient partout et parce que celui-ci avait choisi les mauvais quartiers une fois ne signifiait pas qu'il ne viendrait pas ici ensuite.

Le soleil perça enfin la barrière de nuages, et la porte grinça en s'ouvrant, ce qui, heureusement, mit fin à mes réflexions qui tournaient en rond.

— Oui ? dis-je avec hésitation.

Je restais tendu et au moindre bruit, mes gencives picotaient, signe que j'étais paré au combat à tout moment.

— Stefan ? osa craintivement Violet tandis qu'elle pénétrait dans ma chambre sur la pointe des pieds.

Sa chevelure rousse était ramassée dans un chignon sur le haut de sa tête. Son tablier avait l'air plus net que la veille et j'en déduisis qu'elle avait dû le rincer dans la salle de bains princière. Ses yeux pétillaient et ses cheveux – je m'en rendis compte à la lumière du jour – étaient tachetés d'or.

— Violet.

Je me hissai avec peine sur mes jambes, m'efforçant d'ignorer la faim qui me tenaillait.

— Vous avez bien dormi ? voulut savoir la jeune fille comme elle prenait place sur le canapé puis ramenait ses pieds sous elle.

Je traversai la pièce pour aller m'asseoir sur la chaise du bureau en bois, à l'opposé.

« Non », répondis-je d'un mouvement de tête.

— Trop de choses à penser, avouai-je les mâchoires crispées.

J'avais mal partout. Était-ce un contrecoup de la frayeur de la veille au soir ou bien un effet de notre course dans tout Londres ?

— Même chose pour moi. (Elle poussa un soupir résigné en prenant sa tête à deux mains.) C'est ma sœur... Je m'inquiète tellement pour elle.

— Que lui est-il arrivé selon vous ?

Quelques heures plus tôt seulement, j'espérais que Damon ne soit pas responsable de ces morts et de ces disparitions. À présent, c'était le contraire. Mon frère avait l'habitude d'influencer les femmes pour son propre plaisir. S'il avait agi ainsi avec Cora, cela signifiait qu'elle était toujours vivante. Mais si Klaus ou Lucius l'avaient trouvée... Je frissonnai à cette idée.

— C'est justement le problème. Je ne sais pas. Elle est allée travailler au Ten Bells avant-hier soir mais elle n'est pas revenue. Ensuite, le meurtre a eu lieu... et tout le monde a dit que...

Les lèvres de Violet se tordirent dans une moue mais elle parvint à reprendre :

— Ils ont dit qu'elle n'était pas rentrée parce que, peut-être, elle était allée chez quelqu'un à la place. Chez un homme, comme ces filles à la taverne. (Le visage de Violet s'empourpra.) Seulement, ma sœur n'est pas comme ça. Et moi non plus. J'ai essayé de dire à Alfred et à l'agent de police qui est venu que Cora ne serait jamais partie de cette manière avec un inconnu et qu'elle avait disparu. Pourtant, ils n'ont rien fait, raconta-t-elle sur un ton de regret, les doigts entrelacés, le regard baissé sur le sol.

— Pourquoi ?

Qu'on ne prenne pas Violet au sérieux m'exaspérait. Après tout, ce n'était qu'une jeune fille innocente qui se faisait du souci pour sa sœur.

Violet secoua la tête.

— La police dit qu'elle ne peut rien faire tant qu'ils n'ont pas trouvé de corps. Ils soutiennent que ma sœur est une grande fille, libre d'aller et venir à sa guise. Mais moi, j'ai peur pour elle.

Elle ponctua sa tirade d'un nouveau soupir.

— Si Cora avait été tuée... (Je voulais la rassurer au moyen de la conclusion à laquelle j'étais arrivé la veille.) On aurait déjà retrouvé son corps.

— Ne dites pas ça ! Désolée, s'excusa-t-elle aussitôt. C'est juste que... je ne supporte pas d'entendre ces mots. Mais oui, je suis d'accord : vous avez raison. Si on l'avait tuée, ils auraient trouvé... une preuve.

Elle frémit tandis que j'approuvai d'un hochement de tête.

— Mais je n'ai rien entendu. Personne ne sait rien, reprit-elle. Et c'est bien ce qui m'ennuie : elle ne serait pas partie sans me prévenir. Cela ne lui ressemble pas.

— Les gens changent, parfois, répliquai-je sans grande inspiration pour ce qui était de trouver les mots justes.

— Mais Cora est ma *sœur*, insista-t-elle. Nous sommes arrivées à Londres ensemble il y a six mois. Jamais nous ne nous séparerions. Nous n'avons pas d'autre famille. Nous sommes du même sang.

— D'où venez-vous ? m'empressai-je de demander pour ne plus penser au mot « sang ».

— D'Irlande. (Le regard de la jeune fille se perdit au loin.) Une toute petite ville près de Donegal. Il n'y a qu'une église et un pub. Toutes les deux, nous savions que nous ne pourrions pas rester là-bas. Nos parents le savaient aussi. Notre père a dépensé jusqu'à son dernier shilling pour nous envoyer ici. Il pensait nous marier, nous voir fonder une famille, que nous ne souffrions jamais de la faim…

Violet ne put réprimer un ricanement si succinct et âpre, tranchant tellement avec sa personnalité douce et innocente que je tressaillis. En dépit de son visage jeune, elle n'avait visiblement pas eu la vie facile.

— Et les choses n'ont pas tourné comme vous l'escomptiez.

Je voyais tout à fait ce qu'elle pouvait ressentir. Elle hocha la tête avec une mine de désespoir.

— Nous voulions devenir comédiennes ou chanteuses. Enfin, moi. Cora faisait cela pour s'amuser. Je comptais décrocher un rôle dans un théâtre. Nous avons essayé mais tout ce que nous avons récolté lors des auditions, ce sont des éclats de rire. Ensuite, nous nous sommes dit que nous pourrions travailler dans un magasin, mais en voyant nos vêtements et en entendant notre accent, on nous a refusées partout où nous nous présentions. Nous avons sillonné la ville, accostant les personnes dont nous reconnaissions l'accent irlandais. Pour finir, nous avons rencontré une fille : Mary Francis, la cousine d'un garçon de notre village. Elle était employée à la taverne et nous a promis de parler de nous à Alfred. Nous nous sommes présentées et il a tout de suite bien aimé Cora, mais moi, il a dit que j'étais trop jeune. Donc, il m'a embauchée comme fille de cuisine.

J'ai dû grimacer malgré moi car l'ombre d'un sourire est passée sur le visage de Violet.

— J'étais surtout désolée pour Cora qui devait supporter les avances d'Alfred. Je sais que c'est grâce à elle s'il m'a donné du travail et qu'il nous a permis de louer une chambre au premier. Le soir, tard, nous nous racontions toutes nos aventures de la journée. Elle répétait toujours que travailler dans une taverne pourrait m'être utile un jour. C'est comme au théâtre, on observe les gens, la façon dont ils se comportent. Elle disait que, si nous économisions suffisamment d'argent, nous pourrions retenter notre chance en tant que comédiennes. Elle n'a jamais baissé les bras.

— Et vous ?

— Eh bien, à un moment, on finit par se rendre compte que les rêves ne sont... que des rêves. Parfois, je me dis que je devrais l'accepter. Vous savez que c'est la première fois que je suis aussi proche du théâtre depuis notre arrivée ? (Elle jeta un œil aux chapiteaux, dans la rue.) Et Cora… (Elle remua la tête.) Où est-elle ? (Elle se mit à pleurer et enfouit sa tête dans ses petites mains.) Il y a tellement peu d'espoir que je préfère presque ne pas y penser. Tout ce que je veux, c'est que Cora ait trouvé une meilleure vie. Pas au paradis. Je veux dire ici. Une vie plus belle, ici. Peut-être qu'elle n'a pas voulu me l'avouer pour ne pas me blesser ou me rendre jalouse ? C'est la seule explication que je vois, déclara-t-elle, sans lever sa tête de ses mains.

— Je sais que Cora est saine et sauve.

Évidemment, je n'avais aucune certitude là-dessus mais, aussitôt ces paroles prononcées, je surpris les épaules de Violet à se détendre. J'étais triste pour elle, seule au monde, sans amis. J'aurais voulu pouvoir l'aider. Tout à coup, il me vint une idée.

— Voilà ce que je vous propose : je fais en sorte que vous récupériez votre emploi et je vous garantis aussi qu'Alfred ne vous importunera plus. Je ne vous promets pas que ce sera l'emploi idéal, mais je vous assure que ce sera mieux qu'avant.

Entre-temps, il allait falloir que je trouve un moyen de me nourrir si je voulais pouvoir manipuler Alfred, songeai-je.

— Merci. (Un léger sourire se posa sur ses lèvres.) Dans mon pays, le jour de la Saint-Stephen, on rend hommage au saint protecteur des pauvres et je crois que, cette année, il est en avance pour moi. Merci, saint Stefan.

Je détournai le regard, gêné par sa ferveur envers moi. Si elle savait ce que j'étais en réalité, elle prierait au contraire son saint de la protéger.

— Ne me remerciez pas. Restez ici et reposez-vous. Je vais aller parler à Alfred et essayer de recueillir tous les renseignements possibles au sujet de Cora.

— Je vais vous accompagner, décida-t-elle, déjà sur ses deux jambes.

— Non, c'est trop risqué.

— Et vous alors ? demanda-t-elle d'une petite voix. Je ne me le pardonnerai jamais s'il vous arrive quelque chose alors que vous essayez de plaider en ma faveur.

— Il ne m'arrivera rien. (J'aurais voulu que ce soit vrai.) Je n'ai pas peur de me battre. Mais je sais que ce sera inutile. Tout ira bien.

— C'est drôle, mais je crois tout ce que vous me dites alors que je ne vous connais même pas, avoua Violet d'une voix songeuse. Qui êtes-vous ?

— Je m'appelle Stefan Sa... Appelez-moi Stefan. (Hors de question qu'elle fasse le rapprochement avec le message de la nuit précédente.) Je viens d'Amérique et j'ai goûté moi aussi à la solitude. J'ai quitté ma famille. Ce n'est pas facile.

— Elle vous manque ?

— Parfois. Je me fais du souci pour eux.

C'était la stricte vérité.

— Alors nous sommes des âmes sœurs. Vous m'avez sauvé la vie. Sans vous, je ne sais pas ce que j'aurais fait, toute seule, dans ce parc.

— Avez-vous aperçu... quelqu'un ?

La question m'avait brûlé les lèvres la veille mais à présent, en plein jour, j'avais besoin de savoir.

— Je ne crois pas, non. Il faisait si sombre ; je voyais à peine. J'ai simplement senti que le vent se levait, puis les arbres se sont mis à bouger. Et en levant les yeux, j'ai vu cet affreux message. J'ai su qu'il était écrit avec du sang. J'ai senti quelque chose. Un...

Elle tremblait à présent.

— Qu'avez-vous senti ? l'encourageai-je d'une voix douce.

Elle soupira, un voile de détresse sur les yeux.

— J'ai eu l'impression d'être entourée par le mal. Il y avait quelque chose. J'ai cru que j'allais me faire attaquer et puis vous êtes arrivé...

— Et je vous ai conduite ici, la coupai-je volontairement. (Je savais exactement ce qu'elle ressentait. J'avais éprouvé la même chose à New York, quand Klaus était proche. Je fouillai dans ma poche.) Et maintenant, votre saint Stefan a quelque chose pour vous. Prenez ceci.

Je posai un pendentif au creux de sa paume : une fiole de verveine sur une chaîne en or.

— Qu'est-ce que c'est ?

Elle balança le collier d'avant en arrière, et la lueur de la bougie sur la table s'y réfléchit.

— Un porte-bonheur.

La verveine était nocive pour moi ; à travers la fine couche de verre de la fiole, je sentais ses effets. Pourtant, je ne la quittais jamais. Jusqu'à présent, je n'avais jamais eu à m'en servir et tout ce que j'espérais, c'était que Violet n'ait pas à l'utiliser, elle non plus.

— J'en ai bien besoin.

Elle glissa la fiole dans sa poche et attacha le collier à son cou. Tant qu'elle le porterait, personne ne pourrait l'influencer, pas même moi. Seule la confiance nous liait désormais.

— Et moi donc.

Alors, elle se hissa sur la pointe des pieds et me susurra à l'oreille, ses lèvres effleurant ma joue :

— À la chance.

Je lui offris mon sourire le plus généreux. L'Enfer avait beau hanter ces rues, au moins, j'avais une amie maintenant. Et, ainsi que je l'avais appris au cours de mon errance, c'était beaucoup.

6.

À la lumière du jour, les rues tortueuses de la capitale ne semblaient plus aussi intimidantes en comparaison avec ma folle course de la nuit précédente. Des calèches encombraient la chaussée tandis qu'à tous les coins de rue des marchands vendaient à la criée tout et n'importe quoi, des fleurs aux journaux en passant par le tabac. À cause de la cacophonie de langues, il était impossible de suivre la moindre conversation. Je marchai en direction de l'est, en suivant le tracé de la Tamise – l'étoile Polaire qui me permettait de m'orienter à Londres. J'associais l'eau sombre et trouble à un mauvais présage ; on aurait dit que, sous la surface, elle renfermait des secrets. J'aurais voulu pouvoir emmener Violet loin d'ici. Pour l'instant, je pouvais garantir sa sécurité, mais combien de temps cela durerait-il ? Je n'arrivais pas à effacer de mon esprit l'expression d'horreur sur son visage, sa voix ténue, la force qu'elle avait eue de quitter sa famille en Irlande pour vivre son rêve. Elle possédait un courage dont Rosalyn était dépourvue ; l'innocence associée à sa jeunesse me rendait nostalgique de l'époque où j'avais son âge. Elle avait perdu le gîte et le couvert par ma faute et je tenais à la protéger par tous les moyens.

Les gens nous conduisent à notre perte. Nous faillissons à cause des relations humaines. Lexi me l'avait répété à de nombreuses reprises au cours des dernières années. Je m'étais toujours contenté de hocher la tête mais, parfois, je me demandais pourquoi. Parce que s'il était facile d'éviter la compagnie des humains lorsque j'étais avec Lexi, je paraissais instinctivement attiré par eux dans mes moments de solitude. Et quel problème y avait-il à cela ? Juste parce que j'étais un monstre ne signifiait pas que je n'accordais plus d'importance à l'amitié.

Mais alors quand mon cœur s'endurcirait-il enfin ? répétais-je avec impatience.

Lexi, immanquablement, éclatait de rire. *Jamais, j'espère. C'est précisément ce qui garantit que tu restes humain. Dans ton cas, c'est autant une bénédiction qu'une malédiction.*

À mi-chemin vers Whitechapel, je fis une halte dans Saint-James Park, sentant ma soif croître. Si je voulais retourner à la taverne, je devrais me montrer le plus fort possible. Contrairement au parc cauchemardesque de la veille, celui-ci était luxuriant, plein d'étangs, d'arbres et de familles profitant de pique-niques impromptus. Le parc s'étendait sur une grande étendue, sans rivaliser pour autant, à première vue, avec Central Park à New York, où j'avais autrefois passé plusieurs semaines à chasser, affamé.

Les nuages étaient réapparus sur la ville, plongée de plus belle dans la pénombre. Il n'était que midi mais le soleil ne paraissait pas vouloir percer. L'air était saturé d'humidité même s'il ne pleuvait pas. À Ivinghoe, nous n'avions jamais un temps pareil : le climat semblait, d'une certaine façon, plus franc. Lorsqu'il paraissait être à la pluie, il pleuvait en effet tandis que, ici, on ne pouvait jamais se fier aux apparences.

Je reniflai l'air. J'avais beau ne pas les voir, je savais que les animaux, sur place, abondaient, cachés dans les broussailles ou gambadant dans des tunnels sous l'herbe. Je me dirigeai vers une concentration d'arbres avec l'espoir de capturer un oiseau ou un écureuil sans me faire remarquer.

Voyant quelque chose bouger dans les buissons, je me figeai net. Sans même réfléchir, je bondis à la vitesse d'un vampire dans cette direction et attrapai un écureuil dodu au pelage gris. Dans un réflexe purement instinctif, je plantai mes crocs dans le cou de la petite créature pour la vider de son sang en tentant de contrôler mes haut-le-cœur. Les écureuils, en ville, n'avaient pas le même goût que ceux à la campagne. Le sang de celui-ci était amer. Il faudrait cependant que je m'en contente.

Je jetai la dépouille dans une haie et m'essuyai la bouche. Tout à coup, j'entendis un bruissement à l'extrémité de la forêt. Je pivotai sur moi-même, quasiment persuadé de tomber nez à nez avec Klaus, me défiant. Et pourtant non.

Je poussai un soupir ; les grondements de mon estomac s'étaient calmés : j'étais rassasié.

Paré, je pris la direction de la taverne dans le but de forcer mentalement Alfred à redonner à Violet son emploi. L'air âpre du pub sentait le renfermé, la bière et les corps défraîchis.

— Alfred ? l'appelai-je alors que mes iris se réadaptaient à l'obscurité quasi nocturne du bar.

Je n'étais pas pressé de lui parler : il me répugnait et, même si mon influence garantissait à Violet d'être traitée gentiment, la pensée qu'elle allait revenir ici m'était insupportable. Seulement, je savais aussi que c'était ce qu'il y avait de mieux pour elle, car plus elle passerait de temps avec moi, plus elle serait en danger. Cette certitude était aussi évidente que le message rédigé en lettres de sang sur le mur.

— Alfred ?

Il émergea des cuisines en se frottant les mains sur son pantalon. Ses joues étaient rouges, ses yeux injectés de sang.

— Stefan. Le chevalier de Violet. Laissez-moi deviner ! Vous en avez déjà assez d'elle. Désolé, on n'accepte pas les échanges, déclara-t-il, sans mâcher ses mots, ses avant-bras gras sur le comptoir.

— C'est une amie.

Je m'avançai vers l'homme, les yeux dans les yeux avec lui, les doigts écartés, les paumes ouvertes pour m'empêcher de lui donner un coup de poing. Je le méprisais au plus haut point.

— Il y a quelque chose dont il faut que je vous parle.

— Quoi ? répliqua-t-il sur un ton de méfiance.

— J'aimerais que vous repreniez Violet, annonçai-je posément. Elle travaille dur et elle a besoin de cet emploi ainsi que d'être logée.

Alfred remua la tête mais resta silencieux un moment.

— Bien comme sa sœur. Elle s'enfuit avec le premier venu qui lui fait les yeux doux. Des imbéciles si vous voulez mon avis. Mary Ann s'est trouvée au mauvais endroit au mauvais moment, mais Violet...

— Vous voulez bien ? le pressai-je.

Je comptais suivre le fil de sa conversation mais ne pouvais m'interrompre en plein milieu de mon opération de coercition. Au cours des dernières vingt-quatre heures, j'avais influencé plus de monde qu'en vingt ans et je n'étais plus aussi sûr de mes pouvoirs qu'avant.

— Et une fois que vous l'aurez reprise, vous ne poserez pas une main sur elle. Vous veillerez sur elle. Reprenez-la seulement à votre service.

— La reprendre à mon service, reformula-t-il lentement, comme s'il était en transe.

— Oui, dis-je avec un soupir, soulagé d'en avoir la confirmation.

À cet instant précis, la cloche de la taverne tinta, et un homme à l'imposante carrure entra. Apparemment, il n'avait toujours pas cuvé son alcool de la veille. Le patron du bar, distrait par l'agitation, tourna la tête vers lui, et le charme fut rompu avant que j'aie le temps de lui poser des questions : À quoi ressemblait l'homme avec lequel Cora était partie ? Qu'est-ce qu'Alfred savait d'autre ?

— Vous verrez Violet ce soir, l'informai-je sur le ton de la conversation alors qu'il s'éloignait.

J'approchai un tabouret du bar en attendant qu'il revienne. Une femme fit alors son entrée d'un pas nonchalant, le large décolleté de sa robe indigo découvrant sa poitrine blanche. C'était celle qui m'avait accosté la veille au soir. Cette fois-ci, je n'avais plus aucune réticence à discuter avec elle. Ses lèvres teintes en rouge étaient rehaussées d'un grain de beauté ; ses anglaises blondes dépassaient de sous un chapeau paré d'une plume noire. Petite et trapue, elle se tenait néanmoins avec la prestance d'une femme qui se sait jolie.

Elle croisa aussitôt mon regard.

— Eh bien... bonjour. (Elle tituba vers moi.) J'm'appelle Eliza.

Elle me tendit la main pour que j'y dépose un baiser. J'eus un mouvement de recul. Même si je venais de me nourrir, le petit écureuil n'avait pas suffi à étancher complètement ma soif, et son décolleté était plus que je ne pouvais endurer. Je sentais l'odeur de son sang ; je l'imaginais déjà qui tapissait ma langue, son arôme capiteux. Les lèvres pincées, je fixai les fentes poussiéreuses entre les lattes du plancher.

— J'ai essayé de vous parler hier, reprit-elle, une main sur mon épaule comme pour épousseter une peluche imaginaire. Seulement, vous n'aviez d'yeux que pour cette fille. J'ai trouvé qu'elle avait beaucoup de chance de parler avec un beau gosse tel que vous. Vous vous êtes bien amusé au moins avec elle ? conclut-elle avec un regard lubrique.

— Pas du tout. (Je reculai, rebuté par ses insinuations.) Violet est une amie, rien de plus.

— Donc vous cherchez quelqu'un qui soit plus qu'une amie ?

Elle battit exagérément des cils, chargés d'une épaisse couche de maquillage.

— Non ! Je... (Je lançai un bref regard à Alfred : à l'autre du bout de la taverne, il jouait aux dés avec un homme ivre.) J'aimerais en savoir plus sur le meurtre, expliquai-je à voix basse.

— Vous êtes de la police ? se méfia-t-elle. Je leur ai déjà dit : je ne fais pas de rabais et je ne donne pas d'infos sur mes amies non plus. Pas pour tout le gin de Chine.

Je secouai la tête face à sa mine renfrognée.

— Je me fais simplement du souci. Surtout en ce moment. Une nouvelle femme aurait disparu. Vous connaissez Cora ? Elle travaille ici.

J'espérais tant, pour Violet, qu'elle soit en vie.

— Cora ? (Le visage de la femme se crispa dans une moue.) Pourquoi ? C'était elle qui tenait le bar, non ? Toujours à nous prendre de haut ! Quelle pimbêche, avec ses airs supérieurs alors que tout le monde savait qu'elle faisait exactement la même chose que nous. On aurait dit qu'elle attendait de décrocher le bon numéro, raconta la femme sur un ton indigné.

— Vous voulez dire qu'elle est partie avec un homme ?

De toute évidence, elle avait observé Cora de près, et je caressais l'espoir de lui soutirer des renseignements sur l'emploi du temps de la sœur de Violet.

Elle confirma d'un signe de tête.

— Le même homme qui m'a fait du charme toute la soirée. Un bel homme. S'est présenté comme un producteur ou un comédien du Gaiety Theatre. Un type du milieu en tout cas. Avec un drôle d'accent. Un peu comme vous, ajouta-t-elle avec hésitation.

— Le même accent que moi ? m'empressai-je de lui demander sans pouvoir contenir mon engouement.

Je ne voulais pas tirer de conclusions hâtives mais je doutais qu'il y ait beaucoup de clients du Ten Bells avec un accent du sud des États-Unis tel que le mien. Damon était peut-être venu ici. Et, comme moi, il savait peut-être que je me trouvais également à Londres. D'où le message sur le mur. Ce n'était sûrement pas Klaus mais une farce stupide de Damon afin de m'attirer dans son jeu du chat et de la souris.

— J'ai la gorge sèche. Si vous comptez me faire encore parler, il va falloir m'abreuver, déclara Eliza, me tirant de ma rêverie. Pour moi, ce sera un double gin, précisa-t-elle, les pupilles brillant avec avidité.

— Bien sûr.

J'allai au bar et rapportai un gin et un whisky. Je m'humectai les lèvres, le regard posé sur Eliza, qui avalait sa lampée. Je bus moi-même une petite gorgée. Loin de moi l'envie de me saouler mais, parfois, l'alcool calmait ma soif de sang. Pourvu que ce soit le cas, cette fois : il me fallait une distraction qui détournerait mon attention du cou de la femme. Je repris de mon whisky.

— Ah ! Ça va mieux. Rien ne vaut un petit coup de gin en plein après-midi, vous n'êtes pas de cet avis, chéri ? lança-t-elle d'une humeur déjà beaucoup plus guillerette.

« Disons qu'il parlait bizarrement, poursuivit-elle, mais il n'a pas été très bavard. (Sa mine s'assombrit.) Avec elle, par contre, il a discuté toute la nuit. Deux ou trois fois, j'ai surpris leur conversation en passant à côté. Il lui a promis qu'il lui montrerait son théâtre, qu'il lui présenterait des gens, voire qu'il lui décrocherait une audition. Les hommes ne manquent pas d'inspiration pour attirer une femme dans leur lit, conclut-elle avec un air de dégoût.

— Vous vous souvenez de son nom ? Avez-vous remarqué quoi que ce soit de particulier dans son apparence ? L'a-t-il intimidée ? l'assaillis-je de questions tandis que l'effroi montait en moi.

— Je n'en sais rien ! Je vous l'ai dit : il ne m'a même pas adressé la parole ! Une veine, pour moi, si vous voulez mon avis, par les temps qui courent... avec ces meurtres et tout. Moi, je dirais qu'y vaut mieux s'en tenir aux types qu'on connaît même s'ils nous descendent pour notre argent quand ils ne peuvent pas...

Elle s'interrompit, ses yeux dans les miens, m'invitant à compléter moi-même son insinuation salace.

— Mais de quoi avait-il l'air ? insistai-je, n'écoutant son récit que d'une oreille.

Elle me jaugea avec suspicion.

— Oh, vous voulez parler de lui ? Je ne sais pas. Élégant. Grand. Blond foncé. Mais étant donné qu'on n'a pas retrouvé le corps de Cora dans un caniveau ni quoi que ce soit, je parie qu'ils profitent l'un de l'autre, rien de plus, présuma-t-elle de façon énigmatique.

Blond foncé ? Je fronçai les sourcils. Mon frère avait les cheveux bruns. C'était le premier indice qui ne concordait pas. Bien sûr, Eliza était loin d'être le témoin oculaire idéal. Je choisis de me concentrer sur ce qu'elle avait d'autre à me raconter.

— Mais peut-être aussi que c'était vraiment un de ces producteurs dont elle parlait à tue-tête. Tant mieux pour elle. Il fallait toujours qu'elle se croie meilleure que tout le monde, répéta Eliza.

— Vous étiez proche de Mary Ann ? dis-je pour ramener la conversation à la victime.

Eliza poussa un soupir et regarda au loin, en direction de l'attroupement bigarré d'hommes qui avaient rempli le bar depuis le début de notre discussion. Convaincue que je ne lui ferais pas d'avances, elle cherchait clairement quelqu'un capable de relever ce défi. Ne repérant aucune cible, elle reporta son attention sur moi.

— Mary Ann était mon amie. En tout cas, jusqu'à ce qu'elle se fasse tuer, ajouta-t-elle, de la colère dans la voix. Qu'est-ce que vous attendez au juste ?

— Que voulez-vous dire ?

— Ben, c'était mon amie et je lui dirais la même chose si je la voyais. Elle avait le style qui plaît aux hommes. Elle prenait des risques. Elle fricotait avec des types peu fréquentables. Je ne me souviens même plus avec qui elle est partie. Une fois qu'ils l'ont trouvée, en petits morceaux, la police est venue ici. Ils voulaient savoir avec qui elle était partie. Ce qu'elle avait dit en sortant. Et la réponse, c'était toujours la même : rien vu, rien entendu. Si seulement elle nous avait dit avec qui elle partait, on aurait pu veiller à l'éviter à l'avenir !

Mon regard fut à nouveau happé par sa plantureuse poitrine. Je détournai la tête mais pas avant qu'elle me surprenne à m'attarder sur son décolleté.

Elle m'adressa un sourire lascif.

— Vous êtes sûr de ne pas vouloir continuer cette conversation en privé ?

Elle se lécha la lèvre inférieure d'un air suggestif.

— Absolument !

Je me levai de ma chaise si vivement qu'elle bascula vers l'arrière.

— Vous êtes charmante, aucun doute là-dessus, mais je ne peux pas.

— Vraiment ? Je vous ferai un prix. Un prix spécial « grand voyageur », insista-t-elle en agitant ses sourcils.

— Il faut que j'y aille, affirmai-je avec fermeté. (Je glissai ma main dans ma poche et trouvai quelques florins.) Tenez, prenez ça. Et je vous en conjure : ne partez pas avec un inconnu.

Je plaçai les pièces de monnaie au creux de sa paume. Ses yeux luisirent.

— Vous êtes certain que je ne peux pas vous donner un petit quelque chose en échange ?

— C'est inutile.

Je reculai en raclant ma chaise par terre et quittai le pub à grandes enjambées. Dehors, je trébuchai ; le whisky m'était monté à la tête. Mais j'avais le pressentiment que je retrouverais Cora et Damon.

— Vous, là-bas !

Je fis volte-face. L'ivrogne qui buvait au bar à mon arrivée chancela vers moi. Son haleine empestait le gin.

— Quoi ?

— Je sais qui vous êtes. (Il tituba plus près de moi.) Et je vous ai à l'œil !

Il éclata alors d'un rire hystérique avant de s'écrouler contre un mur de briques.

La peur m'envahit soudain. Je dévisageai l'homme, qui riait toujours, avachi, ivre. Que voulait-il dire par « je sais qui vous êtes » ? N'était-ce que les divagations sans queue ni tête d'un ivrogne ou bien la preuve que mon arrivée à Londres n'était pas passée inaperçue ?

7.

Je sais qui vous êtes.

Les mots résonnaient dans ma tête. Qui étais-je ? Autrefois, j'avais été Stefan Salvatore. Ça, mon frère le savait. Ainsi que l'auteur du message sur le mur. Mais qui d'autre était au courant ?

C'était un ivrogne, cela n'a aucune importance, songeai-je en quittant le parc d'un pas décidé. En chemin vers l'hôtel, je m'arrêtai pour acheter des billets pour un spectacle burlesque au Gaiety Theatre : deux places dans une loge, ce qui aurait dû me coûter la moitié d'un mois de salaire. Mais grâce à mes pouvoirs, j'avais persuadé le guichetier de me les donner gratuitement. Je m'excusai moi-même en décrétant cette étape nécessaire pour remonter jusqu'à Cora. Les billets dans la poche de ma veste, je repris ma route en sifflant.

Violet sursauta quand j'ouvris la porte.

— Comment s'est passée votre journée ? me pressa-t-elle sur un ton d'urgence mais las. Vous savez où est Cora ?

— J'ai parlé à Alfred et vous ne devez plus vous inquiéter pour votre travail. Et je pense savoir où trouver Cora, oui, dis-je lentement pour masquer mon propre enthousiasme.

La dernière chose que je voulais, c'était donner à Violet de faux espoirs.

— C'est vrai ? Où est-elle ? Comment l'avez-vous trouvée ? (Elle frappa des mains.) Oh, Stefan, vous êtes merveilleux !

— Mais non, niai-je avec brusquerie. Je n'en suis pas certain, mais je pense qu'elle a rencontré un producteur du Gaiety Theatre.

Je lui rapportai les grandes lignes de ma conversation avec Eliza tout en omettant la partie sur l'homme avec l'accent. Néanmoins, dans l'esprit de Violet, nous avions déjà retrouvé Cora de source sûre.

— Ah oui ? (Elle irradia de joie.) Je comprends mieux pourquoi elle n'a rien dit ! Alfred aurait été jaloux sinon. Et s'il avait su qu'elle comptait éventuellement quitter son emploi, il ne l'aurait pas reprise à son retour. Alors peut-être que Cora attendait de décrocher un rôle au théâtre avant de venir me chercher. C'est logique, non ?

— J'imagine, oui, répondis-je, pesant mes mots.

Les joues rouges, Violet ne tenait pas en place, à la fois excitée et agitée ; j'aurais voulu croire à l'histoire qu'elle avait tissée. Elle était plausible. Mais nous n'irions pas loin si nous restions tels des lions en cage, dans cette chambre d'hôtel. Il nous restait quelques heures avant le spectacle, et Violet était toujours vêtue de son tablier couvert de taches.

— Je propose que nous allions faire quelques courses.

Je me levai pour me diriger vers la porte.

— Vous croyez ? (Violet fronça le nez.) J'aimerais beaucoup mais... je n'ai pas d'argent...

— J'en ai un peu de côté. Permettez-moi... ce serait la moindre des choses après ce qui s'est passé la nuit dernière.

Violet hésita puis approuva d'un signe de tête.

— Merci ! Je suis impatiente de voir Cora. Elle ne va pas en revenir quand je lui raconterai mes aventures. Cela ne m'étonnerait pas qu'elle soit jalouse, ajouta-t-elle avec insouciance.

Je commençai à me détendre. Après tout, je pouvais jouer le petit jeu de Violet. Il suffisait de me persuader que l'ivrogne, devant la taverne, avait halluciné et qu'il m'avait pris pour son cousin perdu de vue. Je pouvais jouer à être humain.

La plaisanterie prit fin à cet instant précis car humain, je ne l'étais pas, et j'avais beau vouloir croire au reste de cette histoire, elle non plus n'était pas réelle.

— Nous ferions mieux de nous mettre en route avant la fermeture des magasins, décidai-je avec maladresse.

Où allais-je ? Quelle importance pour moi que cette fille vive ou pas ? Stefan Pine allait rentrer à Ivinghoe et se réveiller le lendemain pour traire les vaches. Stefan Pine allait arrêter de lire la presse londonienne. Surtout, il s'abstiendrait de prendre sous son aile une fille des rues et de l'emmener acheter une robe pour compenser le fait que son frère était, selon toute vraisemblance, en train de boire le sang de sa sœur.

Seulement, je n'étais pas Stefan Pine, mais Stefan Salvatore, et il était trop tard pour reculer. Violet et moi sortîmes. Dehors, l'après-midi était sombre. Je levai le bras pour appeler une calèche.

Aussitôt, un cocher s'arrêta devant nous.

— Quelle adresse ? demanda-t-il en nous saluant de son chapeau.

— Que nous conseillez-vous pour aller acheter une robe ?

— Je dirais Harrods, près de Hyde Park.

Violet frappa des mains en entendant le nom.

— C'est le quartier des boutiques chic, à ce que j'ai lu ! Il paraît que même Lillie Langtry va là !

— En route, m'exclamai-je avec grandiloquence.

Je n'avais pas saisi ce que Violet disait mais tout ce qui m'importait était qu'elle ait l'air heureuse.

Nous remontâmes les rues de la capitale. Comparée à Whitechapel, cette partie de la ville était superbe et les voies de circulation, nettement plus larges ; des couples élégamment vêtus marchaient bras dessus bras dessous sur le trottoir et même les pigeons paraissaient propres et bien élevés. Violet ne savait où donner de la tête, jetant des regards de toutes parts.

Après quelque temps, le cocher se gara finalement au pied d'un imposant bâtiment de marbre.

— C'est ici !

Je réfléchis un instant : devrais-je contraindre mentalement l'homme à nous offrir le prix de la course ?

— Merci ! s'écria Violet.

Alors, me prenant par le coude, elle sauta de la calèche. Trop tard pour soumettre le cocher à mes pouvoirs. Je tâtai donc ma poche pour en extraire une poignée de shillings que je lui donnai.

Le véhicule s'éloigna, et Violet et moi franchîmes d'un seul pas la porte du magasin. À l'intérieur, un étrange mélange de parfums et d'odeurs de nourriture saturait l'air d'un vestibule en forme de voûte. Les sols en marbre reluisaient tant que nous nous voyions dedans. Les gens chuchotaient comme s'ils étaient à l'église. Effectivement, l'endroit semblait paré d'une sorte de sainteté.

Violet poussa un soupir d'extase.

— Cela va sonner comme un péché mais, quand j'étais petite, une fois, le prêtre nous a demandé d'imaginer le paradis et c'est exactement ce que je voyais. Un endroit où tout brille comme des sous neufs, déclara-t-elle.

Je partageais son avis. Nous nous engageâmes dans les allées du grand magasin de luxe. Le rayon papeterie débouchait sur celui des jouets, lequel s'ouvrait sur un vaste hall rempli de comptoirs d'alimentation. On aurait dit que tout ce qui se vendait sur terre était rassemblé ici, sous un seul et même toit.

Nous parvînmes enfin au fond de la boutique où des robes multicolores pendaient à des cintres, entre une horde de femmes digne d'une réception mondaine. Des vendeuses, debout derrière des comptoirs vitrés, se tenaient à disposition des clientes.

— Allez-y : choisissez ce que vous voulez, offris-je, les bras écartés pour englober toute la marchandise.

Mais Violet affichait une expression de tristesse.

— Je voudrais tant que Cora soit là : elle adorerait cet endroit.

— Nous allons la trouver, affirmai-je.

— Je peux vous aider ? proposa une femme en robe d'un noir soutenu qui s'approchait de nous.

— Il nous faut une robe de soirée.

J'indiquai Violet d'un coup de menton.

— Absolument, acquiesça l'employée.

Elle toisa l'intéressée des pieds à la tête mais s'abstint, heureusement, de tout commentaire au sujet de ses vêtements élimés. À la place, elle se contenta de sourire.

— Nous avons plusieurs articles qui devraient vous convenir à merveille. Suivez-moi.

La vendeuse se tourna alors pour me faire face :

— Attendez-la ; quand j'en aurai fini avec elle, vous ne la reconnaîtrez pas.

La remarque de la femme m'inquiéta d'abord : je ne voulais pas perdre une seconde Violet de vue. Puis je ris de moi et de ma paranoïa. Nous étions dans le grand magasin le plus luxueux au monde. La vendeuse ne risquait pas de lui toucher un cheveu.

— C'est d'accord ?

La femme, les sourcils en forme d'accents circonflexes, sentit mon inconfort.

— Bien entendu.

Une fois installé dans un fastueux canapé couleur pêche, j'entamai mon observation des lieux. À Whitechapel, j'avais l'impression d'être dans un autre monde. Serait-il envisageable de rester de ce côté-ci de la ville et d'oublier complètement cette affaire de meurtre ? J'aurais tellement voulu que ce soit possible.

— Stefan ?

Je levai les yeux et poussai un hoquet de surprise. Violet avait revêtu une robe vert émeraude qui soulignait à ravir sa taille de guêpe et sa chevelure rousse. En dépit de ses traits tirés et des cernes, sous ses grands yeux, elle était magnifique.

— Qu'en pensez-vous ? m'interrogea-t-elle du bout des lèvres en virevoltant devant le miroir.

— Elle est ravissante, n'est-ce pas ? chuchota la vendeuse. Nous avons essayé deux modèles supplémentaires dans lesquelles votre femme est tout aussi sublime.

— Ce n'est pas... Ah, me rattrapai-je au dernier moment. (Les mensonges avaient du bon : ils simplifiaient la vie.) Nous allons prendre celle-ci. Et les deux autres.

Je sortis les quelques billets qui me restaient. La lueur dans les pupilles de Violet le valait bien.

Au lieu de héler une calèche, nous rentrâmes à l'hôtel à pied. De temps à autre, je la surprenais à admirer son reflet dans les vitrines des magasins tandis qu'elle faisait tourner les jupes de sa robe émeraude. Faire son bonheur m'emplissait de joie.

— J'ai peur de ne pas pouvoir vous rembourser, annonça-t-elle à un moment donné.

— C'est inutile. Votre amitié me suffit amplement.

— Merci. Mais je n'ai pas l'impression d'être une bonne amie. Je passe mon temps à parler de moi. Tout ce que je sais, c'est que vous vous appelez Stefan et que vous êtes américain. Êtes-vous un homme d'affaires ?

J'éclatai de rire à la question.

— Non. Je travaille dans une exploitation agricole. J'ai un patron, comme vous. Et je sais aussi ce que c'est de perdre un membre de sa famille. Mon frère a disparu une fois : j'étais mort d'inquiétude.

— Et il est revenu ? s'inquiéta-t-elle, les yeux écarquillés.

— Oui, il a fini par revenir. Et je suis persuadé que vous reverrez très bientôt Cora. (J'éprouvais un élan de compassion sincère envers Violet et sa sœur disparue.) Parlez-moi encore d'elle.

— Eh bien... on se chamaillait beaucoup, évidemment. Entre sœurs, c'est normal, non ? Elle voulait toujours tout faire en premier et naturellement, je n'avais de cesse de l'imiter. Sans elle, je ne pense pas que j'aurais déménagé à Londres. Alors depuis qu'elle n'est plus là...

— Il faut que vous découvriez qui vous êtes, risquai-je tout bas.

— Oui, approuva-t-elle. Seulement, c'est dur de répondre à cette question sans elle. Nous sommes tellement proches. Est-ce la même chose entre vous et votre frère ?

Je répondis non de la tête.

— Vous êtes-vous déjà brouillés ?

— Oui, mais cela remonte à longtemps. Aujourd'hui, je me concentre sur l'avenir.

J'écartai le coude pour lui offrir mon bras.

— Moi, je dis que votre frère commet une terrible erreur en se disputant avec vous.

— Et si vous étiez ma sœur, jamais je ne me brouillerais avec vous.

La spontanéité de nos échanges me ravissait.

Nous fîmes halte à l'hôtel afin de déposer nos sacs au porteur puis nous poursuivîmes en direction du théâtre.

— Je me croirais dans un rêve : je voudrais ne jamais me réveiller, commenta Violet au moment où un placeur nous accompagnait à nos places.

Je me sentais à l'aise en sa compagnie ; notre badinage léger me rappelait la façon dont Damon, les autres garçons et moi taquinions les filles de Mystic Falls lors des barbecues et des fêtes paroissiales.

Le théâtre plongea subitement dans le noir et le rideau se souleva pour découvrir la scène.

— Oh, Stefan ! se réjouit Violet, les mains jointes, assise au bord du siège en velours, ses coudes sur la rambarde qui courait le long de notre loge.

Le chœur, composé de plusieurs dizaines de chanteuses en jupe à froufrous et grand chapeau, apparut. Je m'efforçai de me concentrer sur leur chanson. En vain. Damon occupait toutes mes pensées. Pourquoi avait-il fait ça ? Au prix de maintes années d'efforts, j'avais enfin trouvé la paix. Pourquoi semblait-il en être incapable pour sa part ? Il pouvait continuer ses orgies en buvant aux cous de ces femmes et se perdre en mondanités autant qu'il voulait lors d'innombrables soirées et cocktails ; moi, tout ce que je demandais, c'était qu'il arrête de détruire la vie des gens. J'étais convaincu que nous pouvions coexister dans la tolérance. En revanche, je ne permettrais pas que mon frère fasse des victimes.

Je surpris Violet à me regarder furtivement et fis mine d'apprécier le spectacle. Au fond de moi, cependant, je n'éprouvais que frustration. Je haïssais cette manière qu'avaient les choses de toujours revenir à Damon ; pire, j'anticipais qu'il en serait ainsi pour l'éternité.

— Je n'ai pas vu Cora, avoua Violet, déçue. Elle ne participe peut-être pas à cette revue.

— Hum…

Le rideau s'était baissé sous un concert d'applaudissements venus des quatre coins de la salle.

— Enfin, quel spectacle ! s'exclama Violet. Stefan, la première partie était extraordinaire !

— Cela vous a plu ? répliquai-je machinalement.

Si Cora n'était effectivement pas là, avions-nous gaspillé notre temps ? Le Journeyman était peut-être toujours ouvert. Je m'apprêtais à dévoiler à Violet mon plan lorsque je m'aperçus que des larmes coulaient de ses yeux.

— Si seulement…

— Si seulement quoi ?

— Si seulement Cora était là. Chaque fois que le rideau s'ouvre, je croise les doigts et j'envoie une prière à saint Jude mais… bref. J'aime beaucoup le spectacle malgré tout. Merci beaucoup, conclut-elle avec un semi-sourire triste.

— Je comprends.

Sa main serrée dans la mienne, je me mis mentalement à sa place. Pendant la guerre de Sécession, lorsque Damon avait servi comme soldat au temps où nous étions encore humains, j'éprouvais toujours un petit pincement de regret chaque fois que je m'amusais, convaincu que mon plaisir aurait été doublé, triplé si mon frère avait été avec moi. Et même si je savais sans l'ombre d'un doute que j'étais mieux sans lui désormais, un réflexe plus fort que moi me poussait à vouloir qu'il soit présent à mes côtés. Plus j'observais le monde, plus je me rendais compte que les liens qui m'unissaient à mon frère n'étaient pas courants. Et cela primait peut-être sur ce que j'avais eu et perdu.

Le rideau se hissa à nouveau et un numéro, plus extravagant encore que le précédent, débuta. J'avais beau tenter de suivre, j'étais incapable de retenir des détails aussi élémentaires que l'identité de celle qui jouait la maîtresse du méchant ; quant aux paroles des chansons de la revue, elles sonnaient sans charme ni drôlerie à mes oreilles. Je me concentrai à la place sur Violet. Les lumières de la scène accentuaient son expression enchantée.

Alors que le rideau retombait, je me levai et battis des mains poliment, à l'instar du reste du public.

— Merci, merci Stefan ! (Violet m'entoura de ses bras.) Je voudrais que cette nuit ne finisse jamais.

— Je vous en prie.

Je passai d'une jambe sur l'autre avec impatience. Face à nous, la femme qui tenait le rôle principal envoyait des baisers à l'assistance tandis que les spectateurs du premier rang lui jetaient des fleurs.

Violet soupira avec emphase, les yeux rivés au spectacle, en dessous.

— Cora aurait dû jouer dans cette pièce, affirma-t-elle sur un ton résolu. Elle n'a rien à envier à Charlotte Dumont, bien au contraire.

— Qui ?

Le nom me disait quelque chose.

— Charlotte Dumont. La comédienne.

— Elle était ici ce soir ?

Charlotte était la femme en compagnie de laquelle le comte DeSangue avait été vu. Peut-être n'avions-nous pas perdu notre temps tout compte fait.

— Ste-fan ! se moqua Violet avec espièglerie. C'était la comédienne principale. Vous ne trouvez pas qu'elle est magnifique ?

Les pupilles de Violet frétillaient mais j'étais absorbé par autre chose : la foule de spectateurs que je passai en revue à la recherche de mon frère.

— Rien qu'une fois dans ma vie, j'aimerais pouvoir sortir du lot, reprit Violet sans s'offusquer de mon inattention. Au Ten Bells, je me sens invisible. J'aimerais me sentir unique. Comme lorsque j'étais petite. Vous savez, quand vos parents vous donnent l'impression que vous êtes à part et que vous les croyez ?

Violet releva avec grâce ses jupes afin de descendre les marches qui menaient hors du théâtre. En l'étudiant attentivement de dos, je mesurai à quel point elle était différente de la jeune employée triste que j'avais rencontrée au bar, un jour plus tôt. Dans sa tenue d'apparat, elle témoignait étonnamment de la confiance d'une femme qui aurait grandi dans l'opulence.

— Vous êtes à part, dis-je en toute honnêteté.

Elle était charmante, drôle, et je savais que, dès qu'elle commencerait à croire en elle, elle s'apercevrait que les gens croyaient en elle aussi.

— Merci, répondit-elle, l'air taquin.

Les personnes autour de nous se retournaient pour la fixer. Bouche bée, elles essayaient sûrement de la remettre. S'agissait-il d'une des ingénues comiques de la pièce ? Violet, un sourire sur les lèvres, se délectait de toute cette attention.

— Qu'allons-nous faire maintenant ? voulut-elle savoir, les yeux brillants.

Dans la rue et la fraîcheur de la nuit, j'expirai en balayant les alentours du regard. Malgré l'heure tardive, les trottoirs grouillaient de monde. À quelques mètres de là, je remarquai un flot de personnes qui s'engouffraient par une petite porte noire marquée « Entrée des artistes ». Je réagis au quart de seconde.

— J'ai une idée : allons faire la connaissance de Charlotte.

Je m'approchai d'un pas franc de la porte, un sourire posé sur les lèvres.

— Nom ? me demanda un homme de courte stature aux cheveux noirs plaqués vers l'arrière.

Il jeta un coup d'œil au livre relié en cuir qu'il serrait entre ses mains.

— Nom ? répétai-je avec une fausse perplexité afin de le forcer à me regarder dans les yeux.

— Oui, votre nom, insista l'homme, déjà à bout de patience. (La tête enfin relevée, il soutint mon regard.) C'est une soirée privée : vous m'excuserez mais seuls les invités figurant sur ma liste peuvent entrer.

— Sir Stefan Pine. Et voici ma femme, lady Violet, ajoutai-je alors que l'intéressée ricanait joyeusement près de moi.

Sa tâche consistait peut-être à garder la porte, mais il était évident, à la manière dont il mâchait ses mots, qu'il avait bu plusieurs verres tandis que le public buvait, lui, les paroles des chanteuses de la revue. Il s'agissait plus de lui embrouiller les idées que de l'influencer.

— Très bien, monsieur, dit-il sans prendre la peine de baisser les yeux sur sa liste alors qu'il nous accompagnait à l'intérieur.

Violet ouvrit de grands yeux ; je posai un index sur ma bouche et suivis la foule dans les entrailles du théâtre.

Nous arrivâmes finalement dans une pièce baignée d'une lumière vive, de la taille d'une salle de bal, emplie d'acteurs plus ou moins costumés et de spectateurs, parmi lesquels ceux qui avaient partagé notre loge. Pas de doute : nous étions au bon endroit. À présent, il nous restait à trouver Charlotte. Ce ne serait pas bien difficile.

Je sentis soudain une tape sur mon épaule et pivotai aussitôt.

Damon, un large sourire aux lèvres, une expression énigmatique au fond des yeux, se tenait devant moi.

— Je te salue, frère.

Il sourit encore davantage. J'en fis autant, décidé à me montrer gentil. Pour l'instant.

8.

— C'est votre frère ? releva Violet, interloquée, d'une voix haut perchée. Celui avec...

— Non ! (J'agitai la main devant moi comme pour chasser une question absurde.) Un vieil ami, mentis-je.

Mon cœur martelait ma poitrine. Malgré mes nombreux efforts tout au long de l'après-midi pour retrouver mon frère, ce face-à-face était un choc, après tant d'années.

— Oh que oui ! Stefan et moi nous connaissons depuis toujours. (Damon plissa les yeux d'un air menaçant.) D'ailleurs, parfois je me dis que je mourrais pour lui.

Mal à l'aise, j'examinai scrupuleusement mon frère, en dépit de la présence, pesante, de Violet.

Il n'avait pas vieilli. Le constat était ridicule en soi, seulement c'était le premier qui m'était venu. Naturellement, je n'avais pas changé moi non plus, mais j'étais habitué à me voir dans le miroir tous les matins et cela n'avait donc rien d'extraordinaire : c'était un simple fait de mon existence. Néanmoins, je trouvais surprenant de découvrir Damon aussi frais et dépourvu de rides que la nuit où nous étions tous les deux morts.

À bien y regarder, toutefois, je notai une différence : ses yeux. Comme assombris, ils semblaient renfermer tout un lot de secrets, d'horreurs et de crimes. Qui sait quels actes il avait commis au cours de ces vingt dernières années ? Si cela s'apparentait à ce qu'il avait fait à Londres, alors il n'avait pas chômé, et les forces de l'ordre non plus, à cause de lui.

— Tu as bonne mine, me dit-il.

À croire que nous étions des voisins tombant l'un sur l'autre dans un parc plutôt que des frères ne s'étant pas vus depuis deux décennies, de l'autre côté d'un océan.

— Toi aussi.

Les cheveux plaqués vers l'arrière, il portait un costume à la coupe raffinée et une cravate en soie.

— Et qui est cette délicieuse dame ? demanda-t-il en tendant une main à Violet.

— Qu'est-ce que cela peut te...

— Je m'appelle Violet Burns.

Elle fit une révérence, les joues cramoisies au moment où mon frère prenait sa main pour la porter à ses lèvres.

— Enchanté. Damon DeSangue.

Je grimaçai en entendant le nom familier que je ne connaissais que trop bien. Je m'aperçus, en revanche, qu'il avait abandonné le faux accent italien qu'il entretenait avec fureur à New York.

— Et qu'est-ce qui vous amène ici ? poursuivit-il.

— Nous partions...

— Non ! s'interposa Violet. S'il vous plaît, restons. Notre hôtel est tout proche ; nous logeons au Cumberland. (Elle charma mon frère d'un battement de cils.) Nous cherchons ma sœur...

Sa voix se perdit alors qu'elle considérait l'expression de choc sur le visage de Damon.

— Le Cumberland ! répéta-t-il.

Mon estomac se plomba qu'il connaisse à présent le nom de notre hôtel.

— Ma parole, tu as gravi les échelons de ce monde, Stefan !

Fini de jouer, lançai-je dans ma barbe. *Nous avons passé l'âge.*

Mon amour du jeu est éternel, rétorqua-t-il sans bouger les lèvres.

Je t'interdis de lui faire mal, l'avertis-je entre des mâchoires serrées.

Il ne répondit rien, se contentant de remuer légèrement la tête avec une expression impossible pour moi à déchiffrer. Violet le couvait toujours d'un regard révérencieux. Un réflexe classique : Damon avait l'art de subjuguer la gent féminine. Au même instant, une grande et superbe femme vêtue d'une robe en soie bleu nuit, avec des faux cils, s'approcha de lui tranquillement, un verre de champagne dans chaque main. Autour de son cou, un foulard soyeux, cousu de fils d'or, était noué plusieurs fois. J'étais certain que, si elle l'enlevait, je découvrirais deux petits trous sur sa peau, à la place des crocs de Damon. Mon frère, suivant mes yeux, écarquilla les siens et sourit avec suffisance tandis que Violet hoquetait de surprise.

— Charlotte Dumont ! dit-elle dans un cri perçant.

Je lui adressai un sourire, content que, au moins, elle ait porté attention au spectacle. Je n'en revenais pas d'avoir laissé passer un indice aussi évident.

— C'est mon nom, effectivement. (Elle gloussa en tendant sa flûte à Damon.) Je vous abandonne une seconde et c'est chaque fois la même chose : je vous retrouve encerclé d'une foule d'admirateurs ! (Elle ponctua son commentaire d'une petite tape joueuse sur son bras.) Alors que je suis censée être la star de notre duo !

Elle arbora une mine déçue.

— Ne vous inquiétez pas, ma chérie. (Damon posa une main sur son épaule avec une telle tendresse que je n'en revins pas. Était-il véritablement attaché à cette femme ou bien n'en voulait-il qu'à son argent et à son statut ?) Je vous présente mon vieil ami, Stefan... À propos, c'est ainsi que tu te fais appeler de nos jours ?

— Stefan Pine. Et voici mon amie Violet.

Je baisai la main de Charlotte avec la délicatesse qui seyait à la sienne.

— Je suis comédienne, dit Violet en effectuant une courbette. Je viens d'Amérique, raconta-t-elle en affectant un accent américain.

— Vraiment ? s'étonna Charlotte, une pointe d'inquiétude dans la voix tandis qu'elle tentait de déterminer si Violet lui ferait oui ou non de l'ombre.

— Eh bien, disons que c'est ce que j'aimerais, nuança l'intéressée, qui s'était apparemment rendu compte qu'avec un tel mensonge elle ne s'attirerait pas les bonnes grâces de Charlotte, loin de là. Ma sœur aussi, d'ailleurs. Cora Burns. Vous la connaissez ?

Le visage de la femme s'adoucit un peu.

— Cora... ça me dit quelque chose. (Elle tira légèrement sur la manche de Damon.) Nous connaissons une Cora, trésor ?

Mon frère leva les yeux au plafond.

— Comme si je pouvais mémoriser les noms de toutes les personnes que nous rencontrons. C'est à cela que les pages mondaines servent, non ? Si les gens y sont mentionnés, cela signifie que je les ai rencontrés ; dans le cas contraire, la réponse est non.

— S'il vous plaît, si jamais vous la croisez, dites-lui que sa sœur la cherche, pria Violet du bout des lèvres.

Une vague de soulagement me submergea ; le fait que le prénom de Cora paraisse familier à Charlotte signifiait que peut-être la sœur de Violet était effectivement partie avec un producteur.

— Ça ne me dit rien, chérie. Désolé, s'excusa Damon avec un haussement d'épaules.

— Tant pis, répondit Violet à regret. Je veux juste qu'elle sache que je suis à sa recherche.

— En parlant de recherche, intervint Charlotte gaiement, rompant ainsi le silence, je pense me mettre en quête d'un autre verre de champagne. (Le temps de notre courte conversation, elle avait déjà vidé sa flûte.) Vous m'accompagnez ? Avec un peu de chance, je pourrai vous présenter M. Mackintosh, le producteur de notre humble revue. Votre sœur n'est pas la seule qui pourrait devenir comédienne.

Violet, des étincelles dans les yeux, disparut à la suite de Charlotte parmi la horde de convives. Mon frère les regarda s'éloigner, déconcerté.

— Ah les femmes ! lâcha-t-il une fois qu'elles étaient hors de portée de voix. Impossible de vivre avec elles, ni sans elles. Tu n'es pas d'accord ? Les plaintes continuelles, les compliments, l'enthousiasme débordant... Pas étonnant que les humains vieillissent si vite.

Il vida sa coupe de champagne.

— Visiblement, tu n'es pas à court de ressources pour te rassasier, commentai-je avec cynisme.

La façon dont Damon choisissait ses femmes était-elle la raison du courroux de Klaus ? Ou bien était-ce quelque chose d'autre ? Quoi qu'il en soit, je continuerais à jouer la carte de la gentillesse en attendant d'en avoir le cœur net.

— Ah oui. Elle est à mon goût, en dépit du taux d'alcool dans son sang la plupart du temps. C'est formidable avant une longue soirée mais je dois me réfréner pour éviter les excès, confia mon frère comme s'il parlait d'un tout nouveau restaurant. Et toi ? Tu es revenu au sang humain avec l'âge de raison ? Ne me dis pas que tu continues à te sustenter du sang d'écureuils et de lapins !

Là-dessus, il s'esclaffa.

— Je ne parle pas de Charlotte, répondis-je imperméable à sa raillerie. Et je suis ici pour t'arrêter. Tu te comportes comme un imbécile, et, si tu continues à être aussi imprudent, cela va mal se terminer pour toi. Et puis d'ailleurs, qu'est-ce que tu fais ici ?

— C'est le climat de Londres qui m'a attiré, plaisanta-t-il avec sarcasme. J'ai besoin d'une raison ? Et si j'avais envie de faire un peu de tourisme ? J'ai fini par me lasser de l'Amérique. Ici, ce ne sont pas les distractions qui manquent.

— Quel genre de distractions ?

Je plantai mes yeux dans ceux de mon frère. Il se remit à sourire, révélant deux rangées de dents d'un blanc éclatant.

— Tu sais bien : les réjouissances qui vont avec les voyages à l'étranger ; rencontrer de nouvelles personnes, essayer de nouvelles spécialités culinaires...

— T'essayer au meurtre ? sifflai-je pour empêcher qu'on ne m'entende.

Damon, d'abord décontenancé, éclata finalement de rire – un long rire creux.

— Oh, tu veux parler de cette histoire à dormir debout de Jack l'Éventreur ? Je t'en prie. Tu me connais mieux que ça, non ? rétorqua mon frère, son fou rire terminé.

— Je te connais, oui. Suffisamment pour savoir que tu aimes faire parler de toi. Mais, en l'occurrence, ce n'est pas de la bonne publicité.

— La mauvaise publicité, c'est quand je n'en ai pas. (Il bâilla exagérément pour signifier que la conversation l'ennuyait.) Tu sais pertinemment, petit frère, que j'ai toujours eu les devinettes en horreur et que je n'ai aucune patience pour l'hystérie. Je préfère de loin tuer en toute discrétion.

— Tu veux dire que tu n'as tué personne dernièrement ?

Je balayai la salle du regard, soucieux de m'assurer que personne n'avait surpris notre conversation. Non. Les oiseaux de nuit autour de nous étaient bien trop occupés à boire et rire pour songer à écouter nos secrets.

— Non ! répondit Damon, agacé. Je m'amuse bien trop avec ma captivante compagne de théâtre ici présente. Et quand je dis captivante, je pèse mes mots.

Il ponctua cette remarque d'une grimace suggestive.

— Bref. (Hors de question d'accorder à Damon la satisfaction de m'énumérer ses exploits.) Mais les meurtres...

— ... sont perpétrés par un humain imbécile qui ne tardera pas à être appréhendé, finit-il.

— Je ne crois pas.

Je résumai ce que j'avais vu : l'inscription dans Dutfield Park rédigée en lettres de sang.

— Et ?

Damon ne tiqua même pas.

— Je pense qu'il peut s'agir de Klaus, expliquai-je, irrité de devoir formuler une telle évidence. Qui d'autre écrit des messages avec du sang et connaît notre nom ?

Mon frère écarquilla légèrement les yeux avant d'afficher à nouveau sa traditionnelle expression de contentement blasé.

— C'est ça, ton indice ? N'importe qui d'autre aurait pu laisser ce message. Et, désolé de blesser ton ego, Stefan, mais nous ne sommes pas les seuls Salvatore au monde. Il pourrait tout aussi bien s'agir du nom de famille d'une de ces filles de Whitechapel. Je ne suis pas inquiet. Évidemment que le meurtrier – quel qu'il soit – a utilisé du sang pour écrire. L'encre et le papier n'ont pas franchement le même effet terrifiant, termina-t-il avec un soupir, un œil tourné vers le bar où Violet et Charlotte vidaient leurs coupes de champagne en gloussant.

— Maintenant, si tu permets, j'ai besoin d'un verre. Suis-moi, frère : allons fêter nos retrouvailles.

Il se fraya un chemin parmi la foule tandis que, furieux, je lui emboîtai le pas. Il se comportait comme si je lui avais raconté une blague. Ça lui était égal qu'un vampire psychotique soit en liberté ? Voire un vampire des Origines ? Et que nous puissions être les proies d'un meurtrier ?

Apparemment oui. Tous les trois pas, des admirateurs l'interpellaient : des filles que je reconnus comme étant des membres du chœur de la revue, un homme de petite taille et à la barbe blanche foisonnante qui m'avait l'air d'être le tailleur du théâtre ainsi qu'un individu au torse bombé et aux boutons de manchette dorés, un haut-de-forme sur le crâne – l'un des producteurs de la compagnie, selon moi. J'en profitai pour lui poser quelques questions innocentes au sujet de Cora pour voir s'il avait le moindre lien avec elle, mais ce n'était pas mon homme. Il s'exprimait avec un accent britannique marqué et ses cheveux étaient foncés. Rien à voir avec la description d'Eliza. Chaque fois que Damon était arrêté en chemin, il riait, trinquait, un sourire aux lèvres, et complimentait son interlocuteur. Je devais lui accorder : en société, mon frère se comportait en parfait gentleman.

— Tu remarques comme je sais me tenir ? me lança-t-il très à propos, une fois arrivés au bar où le serveur nous offrit deux coupes de champagne.

— Un véritable homme du monde.

C'était tellement étrange d'être à une soirée avec mon frère. Quelque part au fond de moi, j'aurais voulu que tout soit comme au temps où nous étions humains, lorsque nous savions à l'avance ce que l'autre allait dire. Une autre partie de moi, plus sage, se souvenait que je ne pourrais jamais faire confiance à Damon en tant que vampire : après tout, il avait tué Callie et il aurait agi de même avec les Sutherland si Klaus et ses laquais ne leur avaient pas mis la main dessus en premier, avant de nous quitter, Lexi et moi, vingt ans plus tôt sans même un au revoir.

Pourtant, dans son esprit, les compteurs entre nous jamais ne seraient à zéro. C'était moi qui avais transformé Damon en vampire alors qu'il me suppliait de l'épargner. Contre sa volonté, je l'avais forcé à boire du sang, le condamnant à vivre cette sombre éternité. Il ne me l'avait jamais pardonné. Avec les années, et malgré la liste toujours plus longue de préjudices et de torts qu'il m'avait causés, je n'aurais pas hésité à les effacer de ma mémoire si cela avait pu garantir que nous retrouvions notre relation fraternelle d'autrefois. Et il était douloureux de constater qu'aux yeux d'inconnus nous continuions à apparaître comme les meilleurs amis du monde alors que les choses jamais ne rentreraient dans l'ordre. Effectivement, Damon passait son temps à me présenter aux hôtes que nous croisions comme « son vieil ami Stefan des États-Unis » et j'étais obligé de sourire, de hocher la tête et de regretter que nous ne vivions pas dans un monde où les choses étaient aussi simples.

— Charlotte est toujours aussi charmante, s'éleva une voix.

Près de Damon se tenait un gentleman grand et blond, vêtu d'une chemise en soie blanche boutonnée jusqu'au cou et d'un élégant pardessus noir. Ses chaussures étaient fabriquées en cuir italien véritable. Je n'aurais pu lui donner un âge précis : entre vingt-cinq et quarante peut-être ?

— Samuel ! (Damon lui donna une forte tape dans le dos.) Je vous présente Stefan, un vieil ami.

— Bonjour, le saluai-je avec raideur, d'un petit coup de tête.

Je surpris Samuel à examiner mes mains calleuses, gercées et entaillées après des semaines de travail physique acharné, ainsi que la barbe naissante sur mes joues. J'avais perdu l'habitude de me raser tous les jours au Manoir Abbott.

— Bienvenue, dit enfin l'homme après un long moment. Les amis de Damon sont mes amis.

Avant qu'il ait le temps d'ajouter quoi que ce soit, Charlotte et Violet s'approchèrent de nous, la dernière titubant indéniablement d'ivresse.

— C'est le plus beau jour de ma vie ! annonça-t-elle à personne en particulier.

Elle leva sa flûte à champagne d'un geste si brusque qu'une partie de la boisson se répandit en une constellation sur sa robe en soie.

— Et dire que j'ai été comme ça autrefois, s'horrifia Charlotte. J'espère qu'une fois chez vous vous lui enseignerez l'art de se mouvoir en société avec grâce et politesse, termina-t-elle, les yeux dans les yeux avec moi.

— Malheureusement, ce n'est pas auprès de Stefan qu'elle bénéficiera de ce genre de leçon, ma chérie. Mais elle en aura beaucoup d'autres. Stefan adore s'écouter parler. Il m'a même convaincu de mourir dans le passé.

— J'aime presque autant parler que Damon aime se bercer de sa voix, répliquai-je sur un ton facétieux agacé.

Il fallait que je ramène Violet à l'hôtel. Elle devait travailler le lendemain soir. Pour autant, il me faudrait me montrer très habile pour la persuader de quitter cette soirée, sachant qu'en outre nous n'avions toujours pas retrouvé Cora.

— Je dois y aller mais je vous verrai avec Charlotte demain, près de Grove House ? s'enquit finalement Samuel en lançant un regard plein de sous-entendus à mon frère.

— Bien sûr.

Il hocha la tête.

— Treize heures ? Après, j'ai mon spectacle, précisa Charlotte.

— Oui, confirma Samuel. Stefan, vous aimeriez vous joindre à nous avec votre amie ? Cela pourrait être amusant, ajouta-t-il d'un air pince-sans-rire.

Je le considérai en clignant des yeux ; dans sa bouche, tout sonnait comme un affront même s'il était impossible de définir avec précision ce qui était aussi offensant dans sa manière de parler.

— Une petite fête, cela te tente, frérot ?

Les sourcils de Damon dansèrent sur son front.

— S'il vous plaît ? m'implora Violet.

— Nous verrons, dis-je entre mes mâchoires crispées.

— Violet, vous aimeriez venir ? (Du Damon tout craché.) Stefan se joindra sûrement à nous s'il arrive à le noter quelque part entre ses lectures moralisatrices shakespeariennes et ses travaux de détective.

— Ses travaux de détective ? releva Violet, confuse.

— Laissez tomber, mon chou. C'est une blague entre nous, lui lança mon frère.

— Une anecdote ennuyeuse au possible, rétorquai-je. La passion de Damon pour le théâtre est bien plus intéressante. Vous devriez lui demander de vous raconter les numéros qui figurent dans son répertoire.

— Vous êtes acteur ? l'interrogea Violet.

— Nous parlerons de tout ça demain ! décréta l'intéressé, visiblement excédé.

Excellent. Si communiquer en langage codé et l'exaspérer était le moyen de recueillir son attention, eh bien je continuerais.

— Oui ! se réjouit Violet.

— Nous ferions mieux de rentrer, décidai-je avec douceur.

Je pris ma cavalière par le bras pour l'escorter à la porte en évitant les convives.

Dehors, je poussai un soupir de soulagement alors que le vent froid me fouettait le visage – un remède idéal après l'atmosphère tendue et étouffante de la soirée. Je ne pensai pas à Damon, me concentrant sur le bourdonnement des réverbères au-dessus, le bruissement des feuilles et les pas des piétons qui martelaient la chaussée – autant de bruits banals du quotidien mais que, en dépit de mes sens exacerbés, j'appréciais rarement.

De retour à la chambre d'hôtel, j'allongeai Violet sur le lit et la bordai délicatement au moyen d'un couvre-lit. Au moment où sa tête toucha l'oreiller en satin, elle avait déjà les paupières closes.

Je mis plus de temps à m'endormir. Dehors, les rues de la capitale grouillaient toujours, et, chaque fois que je fermais les yeux, j'aurais juré entendre le rire de mon frère monter de la chaussée pour s'insinuer dans mon esprit.

9.

Je n'ai jamais cessé d'être un frère. C'est une pensée qui me vient spontanément à l'esprit, tard le soir ou lorsque je traverse sans bruit la forêt, traquant ma proie. Peu importe le nombre de personnes au courant, ou bien que je partage ou non cette information, cette réalité m'appartient et je ne peux jamais l'oublier.

Autrefois, évidemment, il y avait aussi mes parents, mais ils étaient plus âgés, autoritaires ; leur présence se faisait sentir uniquement le matin et le soir tandis que Damon était toujours à mes côtés. C'est avec lui que j'explorais le monde, contre lui que je me révoltais et c'est celui que, de temps à autre, je rêvais de devenir.

À l'inverse, Damon n'avait pas toujours été un frère. En tant qu'aîné, certaines années, il avait parcouru le monde seul. Lui n'avait jamais éprouvé la sensation permanente d'être comparé à quelqu'un d'autre. Il ne connaîtrait jamais le besoin de rechercher le soleil lorsqu'on se trouve dans l'ombre d'une autre personne.

Je ne crois pas qu'il ait jamais ressenti cela vis-à-vis de moi. En tant que grand frère, c'était toujours lui qui avait le rôle de me montrer comment faire telle ou telle chose, de me convaincre de monter un cheval dont j'avais peur ou de me pousser à embrasser une fille qui – j'en étais persuadé – ne m'aimerait pas en retour. Je le couvais d'un regard admiratif pendant qu'il conquérait le monde.

Même encore aujourd'hui, je ne parviens pas à m'en détacher. Je ne peux tout à coup cesser d'être le petit frère à la fois craintif et plein d'admiration face au personnage de Damon Salvatore doué d'une force unique.

— De quoi ai-je l'air ?

Violet, vêtue d'une robe bleue, légère, sur une crinoline qui froufroutait à chacun de ses pas, me tira de mon sommeil en caracolant dans la pièce.

— Vous êtes ravissante.

Je me redressai en position assise et étirai mes bras au-dessus de ma tête. Je m'étonnais de m'être laissé aller à dormir jusque bien après l'aube. En général, j'étais réveillé largement avant le lever du soleil. Pourtant, malgré mes états d'âme, le confort du canapé m'avait fait sombrer dans un sommeil profond, sans cauchemar.

Je me demandais ce qui se passait au Manoir Abbott et qui s'occupait des poules et du bétail. J'imaginais Oliver, à la fenêtre, guettant mon retour afin que je l'emmène chasser. Tout cela paraissait si loin.

— À quelle heure devrions-nous partir, d'après vous ?

— Partir où ?

Je jouais délibérément à l'idiot dans l'espoir que la perspective de cette fête d'après-midi, mentionnée par Damon, ait été effacée par le flot de champagne que Violet avait ingurgité la veille.

— Eh bien, la fête à laquelle votre ami nous a conviés. Nous y allons, n'est-ce pas ? Ça promet d'être très amusant. En plus, Charlotte a précisé que son producteur, qui n'a pu venir hier soir, serait là cette fois. C'est peut-être le même homme qu'a rencontré Cora ? imagina-t-elle en lissant de ses petites mains des plis invisibles sur sa robe.

Violet se préparait visiblement à marcher dans les pas de Charlotte : entourée d'une horde d'hommes impatients d'assouvir ses moindres désirs et qui la complimenteraient à chaque instant. Et ses efforts pour se pomponner avaient beau être exaspérants, elle témoignait d'un enthousiasme tel, avec ses grands yeux d'enfant, amusée de se déguiser, qu'elle en devenait irrésistible.

— Vous êtes sûr que je suis présentable ? Je ne voudrais surtout pas qu'ils pensent que je suis une souillon échappée des bas quartiers. Je leur ai raconté que j'étais une comédienne fraîchement arrivée de Ca-lii-for-nie : j'ai une réputation à tenir maintenant.

Elle détacha avec emphase les syllabes.

— Californie, la corrigeai-je. Et votre accent est parfait.

C'était drôle : plus Violet et moi passions du temps ensemble, plus nos accents déteignaient l'un sur l'autre. Elle commençait à pouvoir passer pour une Américaine tandis que j'étais persuadé de me couvrir de ridicule avec mon accent vaguement irlandais.

— Comment avez-vous rencontré Damon déjà ? Il n'arrêtait pas de vous appeler son frère. C'est courant comme pratique en Amérique ?

Je savais que si je répondais *oui*, elle ajouterait aussitôt cette phrase à son répertoire. Elle m'avait déjà posé la question la veille alors que je la ramenais à la chambre, la portant à moitié dans l'escalier, mais je m'étais abstenu de répondre.

— Non, les gens ne s'appellent pas ainsi à moins qu'ils n'aient un réel lien de parenté, mais Damon a pris cette habitude assez tôt ; je ne me souviens même pas à quand cela remonte. C'est une longue histoire. Et ennuyeuse, mentis-je. Damon et moi sommes amis de très longue date ; nous avons traversé beaucoup d'épreuves ensemble. Je sais qu'il est plein de charme, mais ne vous laissez pas amadouer. Il faut se méfier de ses apparences.

Je formulai ce dernier commentaire avec désinvolture, comme si je parlais seulement d'un travers relativement scandaleux – un penchant pour l'alcool par exemple. Néanmoins, j'espérais qu'elle prendrait ma mise en garde au sérieux.

— J'en suis certaine, répondit-elle en s'observant une dernière fois dans le miroir. Il doit avoir toutes les femmes à ses pieds. Je vous rassure : je ne suis pas comme ça.

— Vous ne dites pas cela simplement pour me rassurer à propos de cette fête, n'est-ce pas ?

Je m'efforçais de retrouver le ton complice de notre conversation de la veille, mais quelque chose sonnait faux.

— Je me disais juste que ce serait amusant, avoua Violet en se mordant la lèvre.

— Vous avez raison.

Que cela me plaise ou non, Damon était là, et, tant que je ne serais pas certain que Klaus n'était pas ici pour se venger, je serais incapable de penser à autre chose.

— Merci... frère ! s'exclama Violet qui me planta un baiser sur la joue.

— Avec plaisir, murmurai-je.

Nous nous rendions à un simple pique-nique, en plein jour. Violet portait sa verveine autour du cou. Nous ne risquions rien, n'est-ce pas ?

Une heure plus tard, Violet et moi musardions à travers les pelouses parfaitement entretenues de Regent's Park. Ayant retiré un des draps du lit, je le portais sur mon bras en vue d'en faire une couverture improvisée. Mon estomac s'était remis à crier famine. Violet me jaugea d'une drôle de façon ; peut-être l'avait-elle entendu, elle aussi ? Je toussai pour couvrir les gargouillis.

Le parc était plein d'enfants en train de jouer – au cerf-volant, notamment – et de vastes demeures sorties de terre telles des statues géantes. Je jetai un coup d'œil au soleil. Nous étions censés aller à Grove House. Le portier de l'hôtel m'avait indiqué que la maison se trouvait à l'extrémité est du parc.

— Les voilà !

Violet s'élança vers l'avant, sa chevelure auburn flottant derrière elle. Je la suivis à une allure mesurée, sans courir. Face à moi s'élevait une énorme structure en roche calcaire décorée de colonnes grecques. Sur la pelouse, plusieurs tables étaient couvertes de nappes en lin blanc. Je posai mon drap par terre. Cela n'avait rien d'un pique-nique mais plutôt d'un festin en plein air. Et, vampire ou pas, j'avais agi comme un rustre en emportant l'immense drap avec moi comme s'il s'agissait d'un des rassemblements paroissiaux auxquels Damon et moi assistions, enfants.

Le temps que je la rattrape, Violet vidait déjà une coupe de champagne tout en animant sa conversation avec Damon de grands gestes passionnés. Elle insistait trop sur son accent américain et prononçait mon nom *Ste-fain*, sans oublier les « vous autres » de son jargon irlandais qu'elle tentait de placer à de multiples occasions, même si je lui avais dit et répété en chemin que l'expression était loin d'être courante dans le parler américain.

— Bienvenue à toi, frère, m'accueillit avec emphase Damon à l'instar d'un hôte dans sa résidence personnelle.

— Tu vis ici maintenant ?

Je considérais l'imposante bâtisse dont la taille dépassait certains musées que j'avais vus à New York.

— Non, se moqua mon frère.

Il montra de la main l'homme roux, fluet, en costume crème, qui se tenait près de lui.

— Lord Ainsley, se présenta-t-il en me tendant la main.

— Bonjour, répondis-je simplement, abasourdi par les dimensions de la maison.

Damon, de toute évidence, évoluait dans un cercle de personnalités très puissantes. Comparé aux amis de mon frère, George Abbott passerait pour un amateur, incapable de jouer dans la cour des grands.

— Stefan Salvatore est un vieil ami des États-Unis, expliqua brièvement Damon.

Je me raidis aussitôt : ne m'avait-il pas entendu me présenter comme Stefan Pine le soir précédent ? Je ne voulais surtout pas entacher le nom des Salvatore. Je me doutais que personne ne connaîtrait l'histoire de notre famille – elle relevait de l'anecdote, même en Virginie – mais je tenais néanmoins à protéger notre nom ainsi que moi-même, autant que possible.

— Stefan, enchanté de faire votre connaissance. Êtes-vous dans l'acier ? Le chemin de fer ?

Lord Ainsley me toisa des pieds à la tête.

— Hum…

Bonne question. Qui donc était Stefan Pine ? J'adressai un regard appuyé à mon frère, impatient de voir quelle histoire il inventerait.

— Stefan dirige une exploitation agricole aux États-Unis, répondit à ma place Damon. Il est de passage en Angleterre. Vous imaginez quelle coïncidence aussi heureuse qu'improbable pour moi de tomber sur lui à la soirée du Gaiety.

— Une exploitation agricole, répéta lord Ainsley, toute trace d'intérêt ayant disparu de sa voix. Et combien de temps comptez-vous rester dans notre chère vieille ville ?

— Ça dépend, dis-je, les yeux dans les yeux avec mon frère.

Avant qu'il ait le temps d'ajouter quoi que ce soit, cependant, Samuel se glissa jusqu'à nous, un verre de limonade en main.

— Bonjour, nous salua-t-il avec entrain. Je constate que vous n'avez pas capitulé face à notre petit groupe de dépravés. Aaaah les soirées tardives bien arrosées... C'est pourquoi je suis ravi que lord Ainsley ait eu l'idée d'organiser ce pique-nique. Cela fait du bien de ne pas toujours être une créature de la nuit. L'expression vient de vous, n'est-ce pas, Damon ?

— En effet.

Mon frère me sourit avec suffisance. Je fulminai en silence. Tout, dans Damon, de son gilet de costume au haut-de-forme qu'il ne quittait visiblement pas, sans oublier son faux accent européen, m'irritait au possible. Damon mettait un point d'honneur à prouver qu'il était au-dessus de tout, y compris les attaques sanglantes qui semblaient être commises dans un seul but : le mettre en garde. Avait-il oublié ce que Klaus nous avait fait endurer à New York ? S'en moquait-il ? Comptait-il simplement se distraire avec des sandwichs et du champagne, des ragots mondains et des femmes jusqu'à ce qu'il soit trop tard ?

— Stefan, m'interpella Samuel en me toisant de haut, par-dessus son nez. Qu'avez-vous pensé de la soirée ? Cela doit vous changer par rapport à... chez vous, termina-t-il en dissimulant à peine son ricanement.

— La soirée nous a beaucoup plu, à Violet en particulier, répondis-je avec un sourire forcé.

— Et la jeune Violet vous plaît-elle, elle ?

Samuel posa son verre en cristal sur l'une des tables. Presque instantanément, un maître d'hôtel en costume blanc le fit disparaître. C'était le style de train de vie auquel on devait s'habituer sans peine. Mais personnellement, j'étais conscient qu'il avait un prix.

— Violet est toute à sa passion : le théâtre, racontai-je. Mon intérêt pour elle se limite à celui d'un ami. Je veille aussi sur sa sécurité.

— Sa sécurité ? répéta Samuel. (Décelai-je de la raillerie dans sa voix ou bien était-ce le fruit de mon imagination ?) C'est très noble de votre part.

— Depuis que je le connais, Stefan ne peut s'empêcher d'agir en sauveur des demoiselles en détresse, persifla Damon sur un ton doucereux.

Je le foudroyai du regard mais il se contenta de me considérer avec un air neutre. Il me semblait qu'ici les gens en général et Damon en particulier ne disaient jamais vraiment ce qu'ils pensaient.

— Eh bien, vous constaterez que ce ne sont pas les demoiselles en détresse qui manquent dans notre ville, ironisa Samuel. Je suppose que vous avez entendu parler de notre meurtrier ?

— Un meurtrier ?

En m'entendant, plusieurs couples de passants se retournèrent.

— Il aurait encore frappé la nuit dernière. L'Éventreur, c'est ainsi que les journalistes l'ont baptisé. Ils le soupçonnent d'être un boucher au vu de la façon dont il découpe ses victimes en morceaux.

Charlotte fronça le nez alors qu'elle nous rejoignait à grandes enjambées après avoir diverti sa cour d'adoratrices, près d'un saule. Les autres femmes frissonnèrent. Le simple mot *Éventreur* faisait l'effet d'un orage s'abattant sur une belle journée d'été. La température semblait avoir chuté de plusieurs degrés.

L'Éventreur. Je cherchais Damon des yeux mais il m'évita.

Charlotte entoura de son bras la taille de mon frère dans un réflexe possessif.

— Je suis soulagée d'avoir quelqu'un pour me protéger. C'est tellement affreux.

Je lançai un regard à Violet : elle écoutait, captivée, le pendentif de verveine scintillant toujours autour de son cou. Bien, j'étais rassuré.

— On connaît la victime ? demandai-je.

— C'est une autre prostituée. Personne, en somme, renâcla une fille large d'épaules comme si toute cette affaire était trop torride pour qu'on en discute.

Samuel sortit un journal de la poche de sa veste qu'il ouvrit dans un geste théâtral.

— Jane est déçue que le meurtrier lui vole la vedette : les pages mondaines sont coupées au profit de cette histoire de meurtrier, commenta Samuel avec un sourire sarcastique à l'intention de la femme.

— Comment s'appelait-elle ? voulut savoir Violet d'une voix tremblante.

— La victime ? Quelle importance ? rétorqua Jane avec dérision en haussant les épaules.

— Annie quelque chose, dit Samuel qui feuilletait le journal.

Les épaules de Violet s'affaissèrent de soulagement tandis que je fermai les paupières avec gratitude. Cora était toujours en vie. Pour l'instant.

— Peu importe son nom, c'est terrible, non ? intervint lord Ainsley avec un frisson. Dieu merci, au moins il s'en prend au quartier est de la ville. Quand il frappera de notre côté, il sera temps de s'inquiéter.

Il ponctua sa remarque d'un gros éclat de rire. Je considérai brièvement Violet, qui s'était approchée de Charlotte. Sa robe et ses manies étaient quasiment identiques à celles de la comédienne. Elle n'avait rien à envier à personne ; toutefois, la désinvolture de lord Ainsley à l'égard de la classe populaire – celle de Violet, donc – me révoltait.

— Il a envoyé une lettre au *Courier*, nous apprit Samuel. Attendez, je vais la retrouver.

Il s'assit sur l'une des chaises blanches et, après avoir croisé les jambes et s'être raclé la gorge, entama sa lecture.

— Sur l'enveloppe, il est écrit : Expéditeur = L'Enfer.

L'écho des mots résonna, sourd, dans mes oreilles ; je titubais jusqu'à un siège où je pris place. Je n'arrivais plus à respirer. *L'Enfer*. Et s'il ne s'agissait que d'une plaisanterie de très mauvais goût ? Cependant, je ne pouvais m'empêcher de me demander quelle était la part de vérité là-dedans. Était-ce signé Klaus ? Voire, quelqu'un de pire ? Je m'agrippai au rebord de la table pour ne pas tomber. Le regard de Violet, qui s'était retournée pour m'observer, pesait sur moi.

— L'Enfer ? Ce n'est pas pire comme adresse que Whitechapel, si ? railla Samuel.

— Je n'y ai jamais mis les pieds, dit une jolie rouquine juste avant de boire une longue gorgée de champagne. C'est aussi terrible qu'on le prétend ?

— Pire encore ! lança Samuel parmi les rires. (Il reporta son attention sur l'article.) « Scotland Yard et les forces de police londoniennes travaillent jour et nuit mais les pistes pour élucider les épouvantables meurtres sont rares... »

Je cessai de suivre la conversation et m'écartai de quelques pas, en marge du groupe. De ce point de vue, la scène semblait idyllique : un groupe d'amis aisés, jeunes et insouciants qui profitaient des privilèges liés à leur rang dans la société. Comment réagiraient-ils s'ils apprenaient qu'un monstre se tenait parmi eux ? Un monstre différent de celui dont ils riaient à l'heure actuelle ?

Expéditeur = L'Enfer. À la lumière de ce dernier indice, j'étais persuadé que Klaus était à Londres. Mais une grande question demeurait : pourquoi Damon se montrait-il indifférent à cette réalité ?

Klaus était effectivement originaire de l'Enfer – c'était sa signature. La majorité d'entre nous avait été transformée par un autre vampire : Lexi, par un amant, Damon et moi, par Katherine. Les récits tels que les nôtres ne manquaient pas de par le monde ; ils se comptaient par millions. Les vampires des Origines, eux, venaient directement de l'Enfer. Ils n'avaient jamais vécu en tant qu'humains et n'avaient donc jamais éprouvé le moindre sentiment. Dépourvus de cette part d'humanité qui aurait pu tempérer leurs instincts, c'était des brutes cruelles et dangereuses.

Je frémis à cette pensée en dépit de l'air figé, sans brise pour ébouriffer les ormes autour de nous.

— Tout va bien, monsieur ? m'interrogea un majordome qui s'avançait vers moi avec une assiette de sandwichs au concombre.

J'en pris un. Le légume sembla visqueux lorsqu'il passa dans ma gorge, et je manquai de m'étouffer avec le pain imbibé d'eau. Ma faim n'en fut pas apaisée du tout. Rien d'étonnant à cela. La seule pensée du sang, toutefois, me donnait la nausée.

Je rejoignis les autres, le sandwich pesant lourdement sur mon estomac. Au moment où je reprenais le fil de la conversation, je m'aperçus que celle-ci avait dévié sur un sujet beaucoup plus léger : les températures anormalement élevées de l'été et l'incidence sur les résidences secondaires à la campagne, délaissées par leurs propriétaires les fins de semaine, ainsi que les soirées données en secret sur les quais de Canary Wharf.

— J'aimerais te dire un mot.

Je tirai Damon par le bras en direction des beaux jardins à l'anglaise qui entouraient la maison. Le parfum des roses embaumait l'air ; l'espace de quelques instants, il me rappela le labyrinthe sur notre propriété de Mystic Falls. C'était là que, ensemble, Damon et moi nous disputions les faveurs de Katherine lors de nos promenades d'après-midi, bien avant de nous apercevoir que nous jouions un jeu bien dangereux.

— Je t'écoute, frère ?

Damon poussa un soupir d'impatience. Je me forçai à fixer ses yeux sombres qui n'avaient plus rien à voir avec ceux de mon frère humain. Damon avait changé. J'avais changé. Il était grand temps que je cesse de songer au passé.

Un large sourire se dessina lentement sur son visage alors qu'il considérait le drap que j'avais laissé tomber au sol en arrivant.

— C'est à toi ? Quel raffinement ! De l'authentique coton égyptien, n'est-ce pas ? Digne d'un roi !

— C'était pour le pique-nique. Je ne m'attendais pas à ce que ce soit si cérémonieux.

— Tu voles le linge des grands hôtels maintenant ? (Damon secoua la tête.) Tu as enfin appris à filer un mauvais coton ? Pour un peu, tu en deviendrais presque intéressant.

— Et je suppose qu'à ta place je sucerais le sang des bonnes de l'hôtel, n'est-ce pas ? Cet Éventreur m'inquiète.

Je détachai une fleur de sa tige. La douceur des pétales de rose m'évoquait celle du velours. En dépit de mon désir, une seconde plus tôt seulement, de faire fi du passé, je repensai instantanément au jeu qui consistait à effeuiller un bouton de fleur en récitant : *Il m'aime... un peu, beaucoup... pas du tout* et avec lequel Katherine m'avait torturé.

J'arrachai un à un les pétales soyeux. *Je lui fais confiance... un peu, beaucoup... pas du tout*, songeai-je en les lâchant un à un par terre.

— Tu t'inquiètes au sujet de l'Éventreur, reformula Damon avec mépris. Pourquoi ? Tu es une femme ? Une prostituée ? Tu sais pertinemment que ce sont ses victimes. Tu es obsédé, petit frère ! Trouve-toi plutôt une femme comme objet de tes obsessions : tu verras que c'est bien plus gratifiant, ponctua-t-il d'un regard lubrique.

— Oh oui, je suis certain qu'il est nettement plus gratifiant d'aller chercher du champagne à Charlotte chaque fois qu'elle claque des doigts. Ce que tu ne ferais pas pour du sang, mon frère : c'est incroyable ! Je l'admets.

J'étais assez fier de la façon dont je rendais la pareille à Damon. Et chaque fois, je sentais que je gagnais un peu plus son respect. Ce n'était pas beaucoup mais c'était déjà ça. Et s'il y avait quelque chose que j'avais appris avec l'expérience, c'était que Damon respectait toujours à la lettre les règles du jeu.

— Et je ne suis pas obsédé, je suis inquiet. Tu sais très bien pourquoi !

Je ne pouvais me défaire de l'impression que Damon cachait quelque chose. Ou, s'il ne cachait rien, qu'il ne témoignait d'aucune volonté de me mettre dans la confidence.

— Je te connais et je suis conscient de notre vécu ensemble. Un vécu atroce et sanglant. Mais j'ai décidé de déployer le drapeau blanc. Tout ce que je demande, si nous ne pouvons être amis, c'est qu'au moins nous ne soyons pas ennemis. Surtout lorsqu'il y a trop en jeu pour tous les deux.

— Épargne-moi le discours. (Il bâilla.) Je connais ça par cœur. J'en ai tellement assez de parler ! Parler, parler. C'est toujours la même chose. J'ai les mêmes conversations avec le même genre de personnes. Je suis fatigué, mon frère, dit-il en me regardant droit dans les yeux.

— Soit, conclus-je.

Ce n'était en rien des excuses, mais j'espérais que Damon signifiait par là qu'il était fatigué de sa promesse et que, même s'il n'avait aucune intention de renouer les liens avec moi, il ne voyait pas l'intérêt non plus d'entretenir notre querelle.

— Agissons, alors, au lieu de parler. Si je m'inquiète, c'est parce que je crains que Jack l'Éventreur ne soit un vampire des Origines. D'après moi, il pourrait s'agir de Klaus. Il nous en veut. Disons plutôt que c'est à toi qu'il en veut. Je ne vois pas d'autre explication : le message écrit avec du sang...

Je ne terminai pas ma phrase, laissant à Damon le temps d'appréhender l'importance de la situation avant de reprendre.

— Ce n'est pas une farce. Le message ressemble trop à celui chez les Sutherland. Mais alors, que veut-il dire ?

Damon chassa une mouche fictive d'un geste vif de la main.

— Cela veut dire que tu fais une fixation sur les vampires, petit frère. Voilà ce que ça veut dire. Pourquoi Klaus tuerait une femme à la fois seulement alors qu'il pourrait en tuer par dizaines ? Et pour quelle raison ridiculiserait-il les journalistes de cette façon ? Un peu trop *humain* comme pratique si tu veux mon avis, dit-il avec dérision.

— Et l'adresse de l'expéditeur en *Enfer* ?

Mon frère leva les yeux au ciel.

— Pour quelqu'un qui passait son temps le nez dans les livres, tu prends les choses bien trop au pied de la lettre. Je te suggère de laisser ta casquette de détective au vestiaire. Amuse-toi plutôt ! Tu as rencontré une fille adorable, tu es dans une nouvelle ville... Détends-toi ! (Il me considéra, la mine grave.) Ou nourris-toi, alors. À quand remonte la dernière fois que tu as bu ?

— Hier soir.

— Mais ce n'était pas le sang de cette fille, fit-il remarquer en louchant sur l'intéressée.

Je suivis son regard jusqu'au cou blanc, sans marque, de Violet.

— Bien sûr que non, confirmai-je en secouant la tête. Je ne bois pas de sang humain.

— Eh bien, tu devrais : ça te calmerait. Réfléchis : tu pourrais cesser de penser à toute cette histoire d'Éventreur et entrer dans la grande société londonienne. Tu passerais du bon temps. Comme jamais.

Je soupirai en dressant mentalement le tableau : soirée après soirée, baiser sur baiser, des années de festivités sans fin. C'était la vie que Damon avait choisie. Le doute s'insinua peu à peu en moi. Se pouvait-il que Damon ait raison ? Était-ce là le secret de l'éternelle jeunesse ?

— Je vais te dire quelque chose, petit frère, reprit Damon qui décelait mon hésitation. Va à Paris. Éloigne-toi de toute cette sombre affaire. Si Klaus se cache effectivement derrière, il te trouvera où que tu ailles. Si c'est un imbécile d'humain, il se fera prendre d'ici quelques semaines, c'est tout.

— Et si c'est toi ?

— Dans ce cas, c'est que j'ai agi sous l'influence de grandes quantités de sang au taux d'alcool élevé. (Damon afficha une expression exaspérée.) Allez je ne suis pas stupide à ce point ! Pourquoi commettrais-je des meurtres aussi sauvages dans un quartier aussi repoussant ?

Je hochai la tête. Là-dessus, il avait raison. Même chose, peut-être, pour ce qui était de m'éloigner afin de retrouver un semblant de tranquillité d'esprit. Seulement, ce n'était pas possible. Je ne quitterais pas Londres sans acquérir la certitude absolue que Violet était en sécurité. Et tant qu'on n'arrêterait pas Jack l'Éventreur, elle était en danger.

— Violet doit travailler à la taverne ce soir. Je vais l'accompagner et voir si j'arrive à récolter d'autres renseignements. (Je marquai une pause.) Viens avec moi.

— Dans un pub infesté de rats ? Non, merci.

— Tu dis que tu t'ennuies, que c'est toujours la même chose. Pourquoi ne pas faire quelque chose de différent alors ? En outre... (J'inspirai profondément.) tu me le dois bien.

Je songeai à Callie.

Nul besoin pour moi de prononcer son nom. Une flamme s'alluma dans les pupilles de Damon.

— D'accord. Mais je boirai du champagne avant. Et c'est toi qui paiera le whisky.

— Pas de whisky, grand frère, répliquai-je avec un grand sourire. Rien que de la bière.

— Seigneur Dieu, ils ne connaissent donc rien à la vie dans Whitechapel ? Entendu. Je me contenterai de bière.

Je clignai des yeux, persuadé d'avoir mal entendu. Pourtant, Damon arborait bien le même sourire en coin qu'il affichait sans cesse dernièrement, et je pouvais voir le reflet de mon visage dans ses iris noirs comme de l'encre.

— Cela signifie que tu viens ? formulai-je, ma surprise trahie dans le ton de ma voix.

— Bien sûr, confirma-t-il avec un haussement d'épaules.

Il pivota sur lui-même pour partir en direction du reste des convives mais se tourna pour me lancer un bref coup d'œil.

— Merci, dis-je après un temps. Le Ten Bells, à Whitechapel. Rendez-vous à dix heures. Sois prudent.

— Sois prudent, railla Damon. Pourquoi ? Au cas où je rencontrerais un vampire en chemin ? Une petite diversion ne sera pas de refus. Comme je disais, je m'ennuie à *mourir*.

Je me dirigeai à sa suite vers les autres. Damon se pliait à ma requête. J'aurais dû être satisfait. Alors pourquoi ce nœud me serrait-il le ventre ?

10.

Par miracle, je survécus au reste du pique-nique, distrait de mes pensées obsessives par la seule personne de Violet. Tout l'enchantait, et les amis de Damon semblaient eux aussi sous son charme ; ils trouvaient son accent irrésistible tandis que Charlotte et ses amies comédiennes se délectaient de la vénération que Violet leur portait. Mon frère, pour sa part, gardait ses distances, passant la majeure partie du temps à fumer en compagnie de Samuel, à l'écart du groupe. Assis dans mon coin, je lisais et relisais la lettre du tueur à la recherche d'un indice. L'Éventreur avait apparemment accompagné son message du rein d'une de ses victimes. Ce détail me souleva l'estomac mais pas autant que la dernière ligne de la lettre.

Essayez donc de m'attraper.

La lettre était adressée à un reporter du journal, et le tueur devait donc savoir qu'elle serait publiée. Y avait-il un message codé à mon intention ? À celle de Damon ? Était-ce un défi ?

Si oui, serais-je à la hauteur ?

Je retournais la question dans tous les sens, ce soir-là, à la taverne du Ten Bells. J'avais escorté Violet à son travail, refusant qu'elle s'aventure seule par les rues de Londres, en pleine nuit. Elle avait insisté pour porter sa nouvelle robe, de façon à être prête si jamais Damon nous invitait à la dernière minute à une soirée. Pourtant, malgré son tablier, sa robe était déjà couverte d'éclaboussures de bière et de whisky. Je voyais bien qu'elle était triste. Mais au moins elle était en sécurité.

Je m'agitai sur ma chaise, la mine sombre, les yeux rivés à la porte d'entrée. Chaque fois que la clochette annonçait l'arrivée d'un nouveau client, je me dressai sur mon siège, persuadé que c'était mon frère, désabusé à chaque fois lorsque je découvrais un autre ouvrier du bâtiment ivre ou une femme trop parfumée qui entrait d'un pas chancelant. Bien sûr que non, mon frère ne viendrait pas. Comment avais-je pu être assez idiot pour le croire ? Et encore plus idiot de rester à l'attendre, assis, pendant toutes ces heures ? Quand arrêterais-je de dépendre de lui ?

— Je vous sers quelque chose, Stefan ? me proposa Violet en traînant les pieds vers ma table, ses épaules tombantes.

Ses cheveux, mouillés de sueur, étaient tirés vers l'arrière ; son rouge à lèvres avait coulé et elle n'avait plus du tout l'air de la comédienne américaine qu'elle prétendait être. Et le pire, c'est qu'elle s'en rendait compte.

— Une brune, s'il vous plaît, dis-je en croisant son regard.

J'eus beau lui sourire, cela ne changea rien à son humeur morose.

— Je suis impatiente de partir d'ici. (Elle baissa d'un ton.) Avant, je ne savais pas ce que je ratais, alors cela ne me paraissait pas aussi terrible. Tandis que maintenant, je me dis que tout le monde est en train de boire et de danser pendant que je suis ici...

Elle soupira, sa lèvre inférieure d'un rose pâle trembla.

— Tout ce qui brille n'est pas d'or, chuchotai-je.

Une citation de Shakespeare surgie soudain de ma mémoire et dont j'espérais que le rythme apaiserait autant Violet qu'il m'apaisait moi.

— Tout ce qui brille n'est pas d'or, répéta Violet comme pour tester le proverbe. (Elle sourit avec ironie.) C'est joli. Je ne cherche pas à me plaindre ; c'est juste que...

— Je comprends. Mais sachez que ce n'est pas éternel.

— Comment le savez-vous ? Stefan, vous me voyez telle que je suis. Je peux jouer la comédie, m'habiller richement, mais tout ça, c'est du théâtre. Alors que ça, c'est la réalité, reconnut-elle à regret. Je vous apporte votre boisson.

Après un quart de tour, elle s'éloigna.

Je me repassai ses paroles en tête. Elle était sage pour son âge. N'étais-je pas toujours en train d'apprendre la même leçon ?

Je m'enfonçai sur ma chaise. Une heure plus tôt, alors que Violet servait une large tablée qui menait une partie de poker, j'étais sorti chasser. À l'orée de Dutfield Park, j'avais réussi à tuer un pigeon grassouillet en le prenant par surprise alors qu'il picorait un morceau de pain sale, tombé entre deux pavés. L'amertume de son sang me collait à la langue. Il n'était ni très chaud, ni épais, et j'avais failli le recracher à la première gorgée, seulement c'était le genre de sustentation dont j'avais besoin si je voulais me réfréner de couver des yeux les cous lisses des clientes de la taverne.

Par-dessus le chahut, j'entendis la cloche d'entrée retentir à nouveau. Cette fois, je ne pris pas la peine de lever les yeux. Ce n'était forcément pas Damon. Il se moquait des meurtres, autant que de Klaus ou des vampires des Origines. S'enivrer du sang de Charlotte le satisfaisait pleinement. Et peut-être était-ce mieux ainsi...

— Au meurtre ! s'écria un homme rougeaud en titubant à l'intérieur du pub pour s'écrouler de tout son poids contre le bar.

C'était l'ivrogne qui avait prétendu me connaître. Le silence tomba dans la taverne et je sentis mon estomac se nouer.

— Dans le parc ! Il y a eu un nouveau meurtre, répéta-t-il d'une voix rauque.

Il s'effondra, les femmes hurlèrent, et, avant que j'aie le temps de me convaincre de rester où j'étais, je quittai l'établissement à la vitesse de l'éclair, renversant une table sur mon passage. Dehors, l'odeur de fer m'assaillit les narines avec force et me brûla la poitrine. Elle venait de l'est. Je partis dans cette direction, sentant déjà mes crocs percer mes gencives. Je chassai la peur qui naissait dans mon esprit.

Quand tout à coup je m'arrêtai net face au spectacle devant moi. Là, à quelques mètres, sa silhouette découpée par le clair de lune, roulée en boule par terre, une fille en robe rouge gisait au sol. Ses jupons étaient de travers, son visage, blafard, levé vers le ciel que fixaient ses yeux bleus. Je la reconnus : c'était une des filles de la taverne ; je l'avais vue deux nuits plus tôt. Je tombai à genoux près d'elle et constatai avec soulagement que sa poitrine montait et descendait au rythme de ses respirations.

Je passai ma langue sur mes crocs et me penchai sur elle, impatient de goûter au sang chaud, à la texture dense, qui coulait de sa blessure au cou jusque dans ses cheveux. Le filet miroitait tel un collier de rubis et je désirais plus que tout y tremper mes lèvres une seconde pour étancher ma soif éternelle.

— Non, me commandai-je tout haut – appel désespéré à mon sens de la rationalité par opposition à mes instincts.

Je m'appuyai sur les talons, une fois rompu le charme entre son sang et ma nature. Je savais comment la sauver. Sans hésiter, je portai mon poignet à ma bouche et perçai ma chair de mes crocs. Avec une grimace, je pressai l'entaille au-dessus des lèvres de la fille.

— Buvez, lui dis-je en vérifiant qu'aucun témoin ne s'agitait autour de nous.

J'avais rejoint la blessée bien plus vite que toute personne se déplaçant à une vitesse normale, humaine, mais d'autres clients de la taverne ne tarderaient pas à nous trouver. Et il ne fallait surtout pas qu'on me surprenne dans cette position. Néanmoins, sans mon sang, elle risquait de mourir.

Au loin, j'entendis les cloches d'un fourgon de police. Il me fallait partir bientôt. Si les policiers me voyaient penché sur la victime, ils m'incrimineraient.

— Buvez, répétai-je avec fermeté en pressant mon poignet contre ses lèvres.

La fille toussa avant de boire avidement mon sang.

— Chhh, ça suffit.

J'écartai le bras et la hissai en position assise.

Au même instant, j'aperçus une ombre derrière nous. Je fis demi-tour, la peur glaçant mes veines. Les murs de briques des bâtiments qui bordaient la ruelle nous enfermaient.

— Qui est là ? lançai-je, l'écho de ma voix renvoyé par les façades des immeubles.

Alors j'entendis un long rire grave que je connaissais trop bien. La silhouette de Damon, qui avançait sans se presser, un cigare en bouche, se découpait à l'angle.

— Encore à sauver la veuve et l'orphelin à ce que je vois, déclara-t-il, un sourire déconcerté aux lèvres.

Il jeta son cigare par terre, son extrémité incandescente scintillant dans le noir. Près de moi, la fille remua en gémissant et soupirant comme si elle avait été en plein cauchemar.

— Il est ici, dis-je dans un murmure.

— Qui ? Le meurtrier ?

Damon s'agenouilla pour examiner la fille. Du bout des doigts, il effleura la blessure.

— Du travail d'amateur. Un bébé vampire qui ne sait pas ce qu'il fait. Si on le trouve, on l'empalera sur un pieu pour le tort causé, mais, en soi, il ne représente pas de menace.

Mon frère essuya un filet de sang qui coulait du coin de la bouche de la victime.

— Encore, réclama-t-elle dans un souffle, battant l'air devant elle. Encore !

Dans un cri étouffé, elle s'effondra à nouveau sur la chaussée.

— Tout à fait mon style de fille. (Damon sourit.) Malheureusement, c'est impossible. Stefan a décidé que vous en aviez eu assez, raconta-t-il d'une voix chantante. Il aime contrôler les gens.

Je le toisai avec suspicion. Mon frère aurait-il pu me tendre un piège ? Il l'avait déjà fait par le passé, laissant pour morte une jeune femme dans le but de me contraindre à la secourir. C'était à New York, un peu avant que Klaus et Lucius ne battent Damon à son propre jeu et manquent de nous tuer tous les deux. Je m'apprêtais à le lui rappeler lorsqu'une silhouette vacilla à quelques mètres seulement de nous et attira mon attention.

C'était celle d'un homme coiffé d'un haut-de-forme, tout au bout de l'allée. Je bondis sur mes jambes.

— Tu as vu ?

Damon hocha la tête, écarquillant légèrement les yeux.

— Vas-y. Je m'occupe d'elle.

Je décidai de faire confiance à mon frère. Je n'avais que lui sur qui compter.

Je me précipitai en direction de l'ombre, qui disparut au coin pour partir vers le fleuve. Je tirai sur mes jambes, transformées en pistons, mes pieds touchant à peine les pavés. Pourtant, je n'arrivai pas à combler l'écart entre lui et moi alors qu'il filait comme une flèche vers la Tamise.

— Plus vite, m'enjoignis-je.

Les bâtiments, sur mon passage, étaient flous ; je savais que j'avançais aussi rapidement que possible. Des poussières de débris me brûlaient les yeux. Le vent sifflait à mes oreilles. J'avais beau me commander d'accélérer, je ne parvenais pas à rattraper le mystérieux personnage à la silhouette allongée que je savais avec certitude ne pas être humain.

Nous continuâmes toujours plus vite en direction du fleuve. Dans mon dos, je percevais les bruits de la foule à nos trousses mais je résistai à l'envie de me retourner. Toute mon attention était focalisée sur l'inconnu qui semblait allonger sa foulée à chaque pas. Le fleuve s'étendait à présent sous nos yeux, la lune projetant un reflet mat sur sa surface noire moirée. Nous n'étions plus qu'à une centaine de mètres. Une cinquantaine… Allait-il sauter ?

— Arrêtez !

Ma voix résonna tel un clairon dans l'obscurité. Mes pieds entrèrent en contact avec un ponton aux planches de bois inégales. Un embarcadère à l'abandon se tenait d'un côté, un entrepôt de l'autre, mais aucune trace du tueur. Les cloches des fourgons de police retentissaient avec fracas dans les ruelles tandis que je jetais des regards affolés dans toutes les directions.

— Montrez-vous ! ordonnai-je, un trémolo dans la voix.

Je fixai l'entrepôt. Se pouvait-il qu'il s'y soit caché ? J'avançai jusque-là et grimpai sur un cageot retourné pour jeter un œil par une fenêtre.

Les carreaux étaient recouverts d'une couche de givre et de crasse. Je louchai mais, malgré mes sens surpuissants, je ne distinguai rien à l'intérieur. Néanmoins, je savais que le vampire y était. Aucun doute là-dessus. Pour autant, je ne voulais pas entrer par effraction et me retrouver pris au piège. En outre, si je restais ici, les policiers nous trouveraient sans tarder, le vampire et moi. Un vampire acculé risquait fort de s'en prendre à la police et cela se terminerait en bain de sang. Hors de question de pénétrer dans l'entrepôt seul. Une seule solution s'imposait : faire demi-tour et aller chercher Damon pour échafauder un plan.

Frustré, je donnai un coup de pied dans le mur de l'entrepôt. Juste après, je perçus un bruit. Si subtil que je crus un moment qu'il s'agissait des vagues s'échouant contre le quai. Erreur, me rendis-je compte.

Quelqu'un riait.

Je repris le chemin de la taverne, l'échine courbée.

Contrairement à l'ambiance qui régnait une heure plus tôt à la taverne, l'atmosphère était austère et tendue à mon retour. Des bougies avaient été allumées, les verres remplis de brandy. Seulement, à presque chaque table était installé un policier qui prenait la déposition des divers clients présents au moment où l'ivrogne avait surgi dans le pub en criant au meurtre.

— J'ai vu la fille de mes propres yeux, allongée par terre dans une mare de sang, répétait l'intéressé, les joues en feu. Je vous l'ai dit : il n'y avait personne d'autre.

Eliza vint vers moi, un petit verre de liqueur en main.

— Je me suis fait du souci pour vous. Vous êtes parti en trombe et j'ai tout de suite pensé : ce type va se faire tuer, pour sûr. Comment va Martha ?

— Je n'en sais rien.

Martha devait être la victime. Damon l'avait-il ramenée au pub ? Du coin de l'œil, j'observai Violet, qui remplissait des verres aussi vite qu'elle pouvait derrière le bar, le visage livide.

— Violet ! (J'étais soulagé de la voir.) Où est la fille ? Elle est vivante ? demandai-je avec rudesse.

— En... en haut, bégaya-t-elle sur un ton mêlé de fatigue et de crainte. Damon l'a emmenée dans mon ancienne chambre. Le d... docteur ne devrait plus tarder.

— Très bien. (Je lui donnai une tape sur la main et elle tressaillit, visiblement sur les nerfs.) Je suis désolé. Je voulais simplement vous dire...

— Quoi ?

— Où est votre verveine ? l'interrogeai-je, soudain paniqué.

— Ma verveine ?

— Oui. Le pendentif que je vous ai offert.

— Ici ! (Elle le sortit de sa poche.) Vu la clientèle qu'on a ici, je préfère ne pas porter de bijoux mais je l'aime beaucoup.

— Ah. J'ai eu peur que vous l'ayez perdu. (Je me penchai pour déposer un baiser sur son front.) Soyez courageuse.

— D'accord, consentit-elle sans savoir dans quoi elle s'engageait.

Je me ruai à l'étage, grimpant les marches en bois deux par deux jusqu'à une porte qui s'ouvrait sur une petite mansarde. Deux lits en fer forgé occupaient la pièce, de chaque côté. Une bougie brûlait dans un chandelier en étain dangereusement posé à même une cagette d'oranges retournée. Pas de traces de Damon. Dans le tumulte, tout le monde semblait avoir oublié Martha. Étendue sur un des matelas, elle était seule. On lui avait bandé le cou mais la blessure continuait à saigner et une tache rouge humide maculait le tissu près de son oreille.

Je m'assis au bord du couvre-lit loqueteux en flanelle et passai ma main gercée sur le front de la fille. Pas besoin d'être médecin pour s'apercevoir qu'elle était encore entre la vie et la mort. Elle reprenait quelques instants son souffle puis haletait à nouveau. Son cœur battait également de façon quasi inaudible.

J'examinai mon poignet : l'entaille que j'avais faite moins d'une heure plus tôt s'était déjà refermée. Même si la marque avait disparu, je continuais pourtant à me sentir épuisé. Il fallait que je sois prudent avec mes propres réserves de sang. Malgré tout, la fille ne s'en sortirait pas si je ne l'aidais pas une nouvelle fois. Je portai mon autre poignet à ma bouche et plantai mes dents dans la chair. Une sorte de vertige s'empara aussitôt de moi.

— Tenez. (Je pris délicatement la nuque de la fille dans ma main.) Buvez.

Je lui présentai ma coupure. Instinctivement, la fille se mit à boire, n'arrêtant que lorsque je retirai mon poignet. La tête rejetée mollement vers l'arrière, elle esquissa un sourire de satisfaction endormi.

Au même instant, un homme entra, vêtu d'un manteau blanc, une bassine d'eau en mains.

— Vous êtes un ami ? me demanda-t-il sur un ton ferme.

— Je m'appelle Stefan. (Je cachai ma main dans mon dos, mon entaille plaquée contre mon vêtement, espérant qu'il ne remarquerait rien.) C'est moi qui l'ai trouvée.

— Très bien. Vous pouvez rester encore un petit moment mais, ensuite, il faudra que je reste seul avec la patiente.

— Bien sûr.

Apparemment, il ne trouvait pas étrange ma présence ici, au chevet de la victime : j'étais soulagé ! La blessée commençait à remuer et elle ne tarderait pas à se réveiller. Je m'écartai à l'approche de l'homme mais restai pour m'assurer qu'elle s'en sortirait.

Le médecin trempa une serviette dans la bassine et l'appliqua sur le front de la jeune femme. Elle rouvrit les paupières et me fixa droit dans les yeux. Alors, ses traits se figèrent et un hurlement irréel s'échappa de ses lèvres.

— Assassin ! cria-t-elle.

L'homme, choqué, recula dans un bond, lâchant presque la bassine. Alors, il considéra la porte comme s'il envisageait ou non d'appeler au secours.

— Chhh, vous ne craignez plus rien, sifflai-je. Je suis votre ami. C'est vrai ! ajoutai-je, désespéré, à l'intention du médecin.

— Assassin ! s'époumona-t-elle de plus belle, des larmes jaillissant de ses yeux. Au secours !

— Elle doit être en état de choc, dis-je au docteur, espérant qu'une explication clinique à son comportement balaye la crainte qu'elle me prenne pour son agresseur.

L'homme hocha simplement la tête mais je le soupçonnais de vouloir simplement apaiser un coupable présumé.

Mon cerveau, à l'arrière, s'engourdit peu à peu ; je sentais que j'étais au bord de l'évanouissement. Je parvins néanmoins à rassembler des forces. Il fallait qu'elle se calme. Soit elle m'associait au meurtrier car elle se souvenait que je m'étais agenouillé près d'elle pour la sauver, soit elle avait cette impression parce qu'on l'avait contrainte à penser ainsi. Quelle que soit l'explication, je devais rétablir la vérité.

— Écoutez-moi, lui dis-je en me concentrant pour appliquer mon pouvoir à mes paroles. (Elle s'interrompit en plein cri, et un silence de mort enveloppa tout à coup la chambre.) Je suis votre ami. Je m'appelle Stefan. C'est moi qui vous ai trouvée et secourue. Vous êtes en sécurité maintenant. Il n'y a pas d'assassin ici.

J'épuisai mes dernières réserves d'énergie à soutenir le regard de la femme. Par chance, comme elle était affaiblie, je pus l'influencer sans trop de difficulté. Après un hochement de tête, elle se tourna vers le médecin.

— Voilà qui est mieux, la complimentai-je dans un murmure. Elle est tout à vous, ajoutai-je à l'intention de l'homme.

Je l'avais échappé belle et je ne voulais pas prendre de risque une seconde de plus. L'expression sur le visage du docteur me laissa penser qu'il était inutile de le manipuler. Détendu, il se mettait au travail.

Je descendis les marches de l'escalier qui menait au pub, où je trouvai mon frère, qui riait à gorge déployée comme s'il ne s'était jamais autant amusé de toute sa vie.

11.

Je me dirigeai vers le bar pour commander un verre et reprendre mes esprits. Quelqu'un avait-il manipulé Martha pour qu'elle croie que c'était moi qui l'avais attaquée ? Damon se cachait-il derrière tout ça ? C'était possible et plus j'y pensais, plus je trouvais cette explication logique. À peine avait-elle ouvert les yeux que déjà elle m'accusait. Et au début, elle ne m'avait même pas écouté, se contentant de hurler comme si on l'y avait préparée. Seules deux personnes avaient pu instiller ces pensées dans son esprit : le vampire que j'avais poursuivi sur les quais, et Damon, après mon départ.

Je réclamai un whisky et me tournai en direction des tables. Justement, le moment était venu de raccourcir la liste de suspects.

— Je te salue, frère ! (Damon leva son verre.) J'ai bien peur que l'agitation t'ait distrait de ton devoir pour la soirée. Tu étais censé t'occuper de l'addition, non ? J'ai bu plus de whisky que prévu mais je pense qu'ils étaient justifiés, étant donné les circonstances.

— Pourquoi tu as fait ça ? sifflai-je entre des dents serrées alors que je me glissai sur la chaise en face de lui.

Le cri strident de la fille résonnait encore dans mes oreilles.

— Fait quoi ? voulut-il savoir, l'air innocent, avant d'avaler une nouvelle gorgée de sa boisson.

— Tu sais très bien de quoi je parle.

— Figure-toi que non. Désolé si mon travail d'infirmier auprès de cette fille laisse à désirer. Comment s'est passée ta course-poursuite avec le tueur ? lança-t-il, un sourcil levé.

Ne compte pas sur moi pour rentrer dans ton petit jeu. Peu importe que tu ne veuilles pas m'aider, je sais que le meurtrier est un vampire, dis-je sous cape. Une lueur de surprise s'alluma dans ses yeux. *Je n'ai pas réussi à l'attraper.*

Et alors ? rétorqua Damon après une courte pause. *Pendant toutes ces années à vagabonder, tu n'as jamais rencontré un des nôtres, à l'exception du repaire de vampires où Lexi et toi habitiez à La Nouvelle-Orléans. Tu as toujours l'air abasourdi, mais tuer, c'est le propre de notre race, petit frère. Ce n'est pas une nouveauté. Ni un détail particulièrement intéressant. La seule chose intrigante, c'est que tu doives constamment réapprendre cette leçon. Tu n'as toujours pas compris qu'il valait mieux ne pas te mêler de cette affaire ? Personne n'apprécie. Ni les humains, ni les vampires*, conclut Damon sans cesser de sourire.

Un frisson remonta le long de ma colonne vertébrale. Damon avait-il échafaudé un coup monté pour que je porte la responsabilité de ces meurtres ? C'était ça, son plan de génie ? Il avait deviné que je m'impliquerais nécessairement, à cause de ma fâcheuse tendance à toujours vouloir me mêler des problèmes des humains.

Je ne cherche pas les ennuis, expliquai-je simplement. *Et je ne veux pas en créer non plus.*

Eh bien, tu devrais peut-être. Tu verrais que cela peut être amusant. Évidemment, ce problème en particulier est stupide, inconscient et incontrôlable, ce qui ne nous laisse pas d'autre choix que de ramasser les pots cassés.

— Mais à quoi bon ? termina-t-il de sa voix normale.

— Que veux-tu dire ?

— Imaginons que tu le retrouves. Et alors ?

Il croisa les doigts pour y poser son menton.

— Alors je... m'empêtrai-je.

Le tuerais-je ? Le livrerais-je à la police ?

Mon frère me considéra avec une expression de perplexité.

— Tu vois ? Tu avais l'habitude de trop réfléchir et, maintenant, tu ne penses plus du tout. J'ai toujours été d'avis que tu gagnerais à être plus impulsif, seulement cela ne te mène nulle part. Et tu sais pourquoi ?

Il s'approcha de moi, assez pour que je sente le sang, parfumé et sucré dans son haleine. Était-ce le sang de Charlotte ? Celui de Martha ? Ou d'une tout autre personne ?

— Pourquoi ? relevai-je, accablé par l'odeur.

— Parce que tu ne fais pas cela pour toi mais pour l'humanité. Pour le bien du plus grand nombre, développa-t-il avec sarcasme. Mais rappelle-toi une chose : nous n'appartenons plus à l'humanité.

— Alors pourquoi infiltres-tu sans arrêt les cercles mondains et joues-tu des tours ridicules aux gens ? Pourquoi t'entêtes-tu à endosser le costume de Damon le duc ou Damon le vicomte ? Si nous ne faisons plus partie de l'humanité, pourquoi ne pas te retirer de la société ?

En dépit de mes propos, je n'étais pas en colère contre lui. Il me tenait plutôt à cœur de comprendre ce qu'il recherchait.

— Où irais-je ? (Le regard de mon frère se perdit alors dans le vide. Quand soudain, il sourit à pleines dents, et ses yeux vides s'animèrent en un éclair comme sous l'effet d'un simple jeu de lumière.) Et si j'infiltre les cercles mondains, c'est parce que je le peux. Parce que cela m'intrigue. Tout ce qui compte, c'est mon plaisir.

— C'est tout ?

Je m'étonnais qu'il ne poursuive pas sa tirade en expliquant que son autre objectif dans la vie était de faire de la mienne un enfer, mais je m'abstins de tout commentaire.

— Oui. Sur ce, petit frère... (Il finit sa bière avec un claquement de lèvres.) J'ai passé une soirée divertissante mais, si tu veux bien m'excuser, j'ai des projets pour le dîner.

— À ta guise, répliquai-je, car je ne voulais pas savoir en quoi ses projets consistaient.

Au moment où Damon se levait pour partir, Violet arriva subrepticement près de nous.

— Vous partez déjà ? l'interrogea-t-elle, les sourcils froncés.

— Vous m'en voyez navré mais, comme je le disais à Stefan, j'ai des engagements que je dois absolument honorer.

Il lui baisa la main.

— Mais il est si tard, regretta Violet en faisant la moue.

— En effet, mais je vous verrai demain, n'est-ce pas, très chère ?

— À la fête sur les quais ? Bien sûr ! confirma-t-elle avec enthousiasme.

Les quais ? La mystérieuse silhouette serait peut-être présente si parmi les invités figuraient des créatures de la nuit.

— À ne manquer sous aucun prétexte, prévint mon frère avec une grimace qui me fit froid dans le dos.

Là était le problème : lorsque nous étions humains, Damon possédait déjà ce côté sombre mais il était lui-même. À présent, je n'avais aucune idée de qui était véritablement Damon – disons même de ce qu'il était.

— Nous serons là, s'engagea Violet.

— À plus tard, mon frère, me salua Damon avant de quitter le pub d'une démarche nonchalante sans un regard en arrière.

Je me levai à mon tour, étourdi.

— Allons-y, Violet.

Elle approuva sans prendre la peine d'informer Alfred qu'elle partait. Aucune importance. La taverne avait été reconvertie en poste de police. D'ailleurs, la majeure partie de la clientèle était désormais constituée d'officiers qui relisaient leurs notes et se relayaient au chevet de Martha. De temps à autre, ils me jetaient un coup d'œil puis baissaient les yeux pour inscrire quelque chose sur leurs carnets. Le moment était venu pour moi de prendre congé.

Violet passa son bras sous le mien et nous nous dirigeâmes vers l'hôtel. Fatiguée, perdue dans ses pensées, elle garda le silence tout le long du chemin. Je savais que les événements de la soirée lui rappelaient Cora mais je n'avais pas les mots à cet instant pour la réconforter.

— Ça va ? finit-elle par me demander alors que nous foulions la moquette foncée et épaisse de l'hôtel.

C'était tellement délicat de sa part de s'inquiéter pour moi dans un moment pareil que je sentis mon cœur se serrer.

Je me forçai à sourire.

— Ça ira.

Mon mensonge, cependant, ne la trompa pas. La mort était partout et ce n'était qu'une question de temps avant qu'elle ne s'abatte sur nous ou que nous en réchappions. Dans un sens comme dans l'autre, le sang coulerait.

12.

— Le problème avec vous, Stefan, c'est que le concept de mort vous échappe.

Je me tenais dans une chambre vide de la maison d'hôtes de Mystic Falls. La silhouette de Katherine, sous sa chemise de nuit, apparaissait à travers le tissu vaporeux. Elle avait tressé ses cheveux foncés dans une natte lâche. Je mourais d'envie de caresser ses mèches soyeuses mais me l'interdisais, de crainte, sitôt que je poserais les mains sur elle, de perdre le contrôle de moi-même. Et je ne voulais surtout pas perdre le contrôle. Pas maintenant.

— Dites-moi ce qu'est la mort alors.

La scène se déroulait quelques jours après le décès de ma fiancée, Rosalyn. Discuter avec Katherine m'avait permis d'oublier ma culpabilité et de pénétrer dans un monde aux effluves de citron et gingembre où rien – pas même mon père, ni Damon, ni la mort – ne pouvait m'atteindre. Je me sentais en sécurité dans cet univers. Par la fenêtre, j'apercevais le reflet de lune dans l'étang au fond de la propriété. Toutes les lumières de la résidence principale étaient éteintes ; dans le ciel, pas un nuage. Tel était mon paradis.

— Par où commencer ? se demanda Katherine juste avant de passer sa langue sur ses dents pointues.

Je portai machinalement ma main à mon cou. C'était encore un peu sensible et une sensation de plaisir mêlée de douleur se déclarait chaque fois que j'exerçais une pression à l'endroit où Katherine avait enfoncé ses crocs dans ma chair.

— Dites-moi ce que vous savez, la priai-je comme un élève appliqué.

Je la suivais des yeux tandis qu'elle parcourait la pièce en tous sens, aussi légère qu'un chat.

— Eh bien, tout est dans l'œil de l'observateur. Prenez votre jolie Rosalyn par exemple, commença-t-elle, la tête penchée, les yeux dans les yeux avec moi.

— Mais encore ?

Je voulais savoir comment Katherine avait échappé à la mort et je ne voyais pas pourquoi elle mêlait Rosalyn à la conversation. Elle savait que j'étais censé continuer à porter le deuil de celle qui ne deviendrait jamais ma femme. Et, à ma façon, j'étais endeuillé.

— Ne me dites pas que vous l'avez déjà oubliée, si ? Oublié à quoi elle ressemblait ? Son parfum ? me lança Katherine d'une voix chantante.

— Bien sûr que non, m'offusquai-je.

— Alors expliquez-moi comment elle peut être morte si elle vit toujours dans votre esprit ? me défia Katherine, en écarquillant ses grands yeux bruns.

Je poussai un soupir en entendant ses méandres philosophiques. J'avançai d'un pas vers elle, résolu à mettre un terme à cette discussion.

Heureusement, Katherine comprit où je voulais en venir. Elle s'approcha et effleura la peau de mon cou de ses canines, juste assez pour l'érafler.

— C'est mon propos, Stefan. Quoi qu'il arrive, nous continuerons de vivre en l'autre pour l'éternité.

Elle perça ma chair de ses dents tandis que je fermai les paupières et me donnai à elle, le monde plongeant dans un trou noir.

Je rouvris brusquement les yeux. Je n'étais pas réellement surpris d'avoir rêvé de Katherine. Quand les choses allaient bien dans ma vie, c'était comme si tous les souvenirs que j'avais de Katherine étaient stockés dans un coin de ma tête, un coin que je pouvais passer des années sans explorer. Lorsque les choses tournaient mal, au contraire, elle était partout. Une question demeurait, en revanche, à laquelle je ne trouvais pas de réponse : serais-je un jour capable d'échapper à son emprise ou bien continuerait-elle à me hanter pour toujours, tapie dans l'ombre ?

Le moment était mal choisi pour y réfléchir. Il était presque l'heure d'aller chercher Violet à la taverne pour l'accompagner à la fête sur les quais. J'avais hésité à la laisser aller. J'espérais avoir l'occasion de débusquer le vampire tout en ayant une chance de me mêler à la foule si jamais il me poursuivait. Et je ne voulais pas que Violet soit près du tueur. Mais j'avais fini par présumer, face à sa détermination, qu'elle irait à la fête avec ou sans moi.

Je me persuadais qu'en ma présence, au moins, elle serait en sécurité. En veillant à ce qu'une vie ne soit pas étouffée par le mal, j'imaginais que peut-être son âme pourrait représenter à elle seule le grain de sable qui enrayerait l'engrenage de mort gratuite et de destruction que j'avais activé par le passé.

En tout cas, c'était ce que j'espérais.

Je massai mes tempes. Les jours précédents, une migraine terrible ne m'avait pas quitté, aussi entêtante que le chant des cigales par une chaude journée de juillet. Plus mon séjour à Londres s'allongeait, pire c'était. Debout, je m'approchai du miroir. Mon reflet était pâle, mes traits fatigués, mes yeux injectés de sang. Vampire ou homme, j'avais l'air malade. Je posai instinctivement une main sur mon cou, replongeant dans mon rêve en pensée. La brise légère qui faisait frémir sa chemise de nuit blanche, l'ombre vacillante de la lampe sur les murs blanchis à la chaux, la délicieuse douleur que j'éprouvais à sentir les canines de Katherine trouer ma chair... Tout avait semblé si réel. Naturellement, sous mes doigts, ma peau demeurait pourtant lisse, sans aspérité.

Katherine était morte – morte une fois pour toutes – depuis vingt ans. Son corps avait été brûlé dans une église. Néanmoins, elle était partout, autant en Damon qu'en moi. Elle avait raison. Seulement, à l'époque, j'avais été trop stupide pour saisir la portée de ses propos.

Penché au-dessus de la vasque, je m'aspergeai le visage d'eau froide, effaré par toute la crasse et la suie qui s'en allaient avec l'eau dans le tuyau. Londres était une ville sale. Pour autant, laver mon visage ne suffirait en rien à effacer la noirceur de mon esprit.

Le soleil déclinait rapidement, projetant des ombres sur le mur, et je me dépêchai donc de finir ma toilette puis nouai ma cravate. En hâte, je traversai la capitale ; je commençais à bien la connaître. Je détestais l'état de tension dans lequel j'étais, examinant chaque visage que je croisais avec une suspicion croissante.

Violet m'attendait à l'entrée du Ten Bells dans la même robe émeraude qu'elle avait portée au théâtre quelques soirs plus tôt. Un trait de maquillage noir cernait ses yeux, et ses lèvres étaient colorées dans une teinte rouge vif. Si la tenue lui était allée à merveille au théâtre, dans le décor d'un pub, elle paraissait trop voyante ; on aurait pu sans mal la prendre pour une fille de joie. Ou, pire, pour la cible idéale d'un tueur diabolique.

— Prête ?

Je lui offris mon bras. Elle acquiesça et me raconta sa journée à la taverne alors que nous foulions d'un pas cadencé les pavés, en route vers les docks. Sur notre passage, plusieurs ouvriers sifflèrent Violet. Je les foudroyai du regard, me crispant chaque fois un peu plus ; je ne pouvais me libérer de l'impression que nous étions des proies mouvantes pour toutes les personnes que nous croisions.

Au fur et à mesure que nous approchions des quais, une musique de plus en plus puissante s'échappait de l'un des entrepôts ; elle était enjouée, digne d'une salle de bal tandis que le tumulte entourant le bâtiment tranchait avec la désolation dont j'avais été témoin la nuit précédente. Londres m'évoquait un kaléidoscope – un jouet avec lequel Lexi s'était amusée autrefois. En un tour de main, l'image à l'extrémité du tube changeait et il était impossible d'anticiper quelle image lui succéderait. Tout ce que j'espérais, c'était que les scènes qui apparaîtraient pour Violet et moi seraient agréables et non pas macabres.

— Nous y sommes, Stefan ! Allez, venez ! me lança-t-elle alors qu'elle pressait le pas car elle avait aperçu un trio d'hommes vêtus avec élégance se diriger vers l'un des entrepôts faiblement éclairés en enfilade sur les docks.

J'allongeai ma foulée pour la rattraper puis la tirai délicatement par le bras, redoutant de la perdre dans la cohue de la fête. Plusieurs bateaux dansaient sur l'eau et le quai était aussi peuplé que les rues du West End après la sortie des théâtres. La brise transportait la musique, mêlée aux rires, jusqu'à nous.

Violet et moi nous tenions devant la porte métallique quand, après un regard de biais à mon intention, elle leva effrontément sa main pour y frapper. Avant qu'elle en ait le temps, toutefois, la porte s'ouvrit doucement.

— Mais qui voilà ! Bienvenue Miss Burns ! commenta une voix suave.

En levant les yeux, je découvris Samuel dans une chemise blanche boutonnée jusqu'en haut, un veston foncé mettant en valeur ses épaules carrées.

— Merci beaucoup.

Violet rougit et, après une courbette, saisit le bras que Samuel lui offrait.

— Bonjour, saluai-je poliment le jeune homme.

Même si, personnellement, j'estimais ne jamais rien avoir fait pour l'offenser, Samuel semblait toujours distant avec moi. Je supposais que c'était un effet de mon rang social : à mes mains calleuses et à la barbe naissante sur mes joues, il déduisait que nous n'étions pas du même monde. J'aurais simplement dû m'estimer heureux qu'il n'éprouve pas pareille dérision à l'égard de Violet, néanmoins sa rebuffade m'irritait. Je commençais à comprendre pourquoi Damon tenait à ce point à avoir sa place dans la société.

— Stefan. (L'ombre d'un sourire passa sur son visage.) Ravi que vous ayez pu venir.

Visiblement, je n'étais pas le seul à me forcer à être poli ce soir.

L'air était saturé d'odeurs de parfums et de cigarettes. Des chandeliers jonchaient toute surface plane. Un miracle que le bâtiment n'ait pas encore pris feu. En dépit de toutes ces flammes, l'entrepôt restait sombre et il était impossible d'identifier qui que ce soit à moins de se trouver juste à côté. Dans un coin, un orchestre de cuivres interprétait un morceau que je ne reconnus pas, mais qui semblait battre au rythme de mes pensées. J'avais eu tort de considérer que la robe de Violet était inappropriée. La majorité des femmes avait revêtu des robes aux corsages à décolleté plongeant, leurs jupes moulant leurs hanches. Deux faces de Londres se mélangeaient et les règles de la bienséance paraissaient importer peu ici.

Un cri perçant fendit tout à coup l'air. Je pivotai sur moi, les crocs saillants, prêt à l'attaque.

Mais je ne vis que Violet au centre de la salle, étreignant une jeune femme élancée, comme si jamais elle ne la lâcherait.

— Stefan ! m'appela-t-elle avec un geste de la main, les yeux pétillants. Vous voyez : j'avais raison. Je savais qu'elle était en vie. C'est Cora !

— Cora ? répétai-je, incrédule en jaugeant la fille en face de moi.

La foule de convives s'était écartée pour observer la scène.

Cora hocha la tête, ses yeux bleu pâle hagards.

— Oui, confirma-t-elle en toute simplicité. C'est moi, Cora.

Elle parlait d'une voix lente et sirupeuse. Était-elle sous l'emprise d'un vampire ? Je n'en savais rien, n'ayant aucune référence quant à sa manière habituelle d'agir, mais je me sentais mal à l'aise. Quelque chose sonnait faux dans ces retrouvailles, un peu trop faciles après toutes ces recherches.

— Vous allez bien ? Où étiez-vous passée ? demandai-je en m'efforçant de ne pas passer pour un père inquiet.

Je ne voulais pas l'effrayer. Nous ne nous connaissions pas, elle et moi. Mais il fallait que je sache.

Violet ne prêtait aucune attention à mes questions, caressant les cheveux de sa sœur comme les poils de son animal de compagnie préféré.

— Je te présente Stefan. Mon nouveau meilleur ami. J'ai tellement de choses à te raconter.

Une fois de plus, Violet enlaça abruptement Cora. À l'instar de Charlotte, celle-ci portait un foulard de soie noué à la base de son cou.

— Où étiez-vous ? répétai-je, mon inquiétude proche du désespoir à présent.

Je n'arrivai pas à distinguer Damon dans la masse d'invités mais je devinais qu'il n'était pas loin.

— Où étais-je ?

Cora semblait perplexe. Mon estomac se retourna.

— Quelle importance ? décréta Violet. Ce qui compte, c'est que Cora soit saine et sauve, n'est-ce pas ?

Elle détacha le pendentif de son cou ; je m'apprêtais à lui dire de le garder lorsqu'elle le passa autour du cou de sa sœur. L'or luisit à la lueur des chandelles.

— C'est un cadeau qui dit « Ne t'en va pas », d'accord ? dit Violet, un voile de larmes couvrant ses yeux.

Sa sœur acquiesça d'un signe de tête mais ne parut écouter que d'une oreille. Elle jetait des regards pardessus l'épaule de Violet. Elle devait chercher quelqu'un. Et si elle avait l'air heureuse de revoir sa sœur, elle ne sautait pas non plus de joie. En outre elle ne mesurait visiblement pas la frayeur qu'elle avait causée à cette dernière en disparaissant ainsi.

Elle passait son temps à cligner des yeux et à tirer sur la chaîne du collier. Je la couvai d'un regard inquisiteur. L'avait-on manipulée, oui ou non ?

À cet instant précis, Damon s'approcha tranquillement, une bouteille de champagne dans une main et des flûtes dans l'autre. À sa suite, Samuel et un homme de grande stature, les cheveux blonds, en haut-de-forme et costume.

— J'ai entendu dire qu'il y avait une nouvelle à célébrer.

Mon frère sabla élégamment la bouteille dont le bouchon céda dans un bruit joyeux. Il remplit alors les coupes.

— Je vous présente ma sœur ! annonça Violet sans détacher les yeux de l'intéressée.

— Comme c'est touchant ! J'ai toujours adoré les réunions de famille, philosopha Damon. Et je savais que quelque chose me plaisait en vous. (Il passa un bras autour des épaules de Violet.) Cora s'est jointe à notre petit groupe tout récemment elle aussi par l'intermédiaire du frère de Samuel. Cela ressemble de plus en plus à un cercle familial !

— C'est Cora ! insistai-je avec aigreur. Cora ! Ça te dit quelque chose ?

Damon haussa les épaules avec détachement.

— Ma devise, c'est : loin de la presse, loin de ma tête. J'ai un mal fou à retenir autre chose que la une des journaux. Avec l'âge, ma mémoire ne fait qu'empirer !

— La ferme, rugis-je.

— En voilà une façon de parler à son frère ! rétorqua-t-il sans cesser de sourire.

— Allons, allons ! intervint Samuel, son verre levé pour porter un toast. À la famille. Y compris mon frère, Henry.

Il indiqua l'homme blond au teint clair qui se tenait près de lui. À première vue, je lui donnais dix-huit, peut-être dix-neuf ans.

— Ravi de faire votre connaissance.

C'était tout juste si j'avais réussi à simuler un ton de politesse. Henry, pourtant, me gratifia d'un large sourire en me serrant la main avec enthousiasme.

— Moi de même, répondit-il avec un accent de l'aristocratie britannique identique à celui de son frère.

Sa personnalité chaleureuse, à la limite du naïf, n'avait en revanche rien à voir avec celle de Samuel. Je remarquai aussitôt qu'il dévorait Violet du regard.

— Bonjour, la salua-t-il avec engouement.

Violet dirigea vers lui un visage plein d'intérêt. J'assistais à la naissance-éclair du genre d'émotions que les humains prenaient pour acquises : l'instant auquel quelqu'un cessait de n'être qu'un inconnu pour devenir une personne avec laquelle on s'imaginait vieillir. Dans la pénombre ambiante, Henry était incapable de reconnaître Violet pour ce qu'elle était : une serveuse. Elle s'exprimait sur son ton de comédienne modulé à la perfection, et, dans l'imprimé de sa nouvelle robe, les taches accumulées au Ten Bells se perdaient. *Nous vivons une époque remarquable.* Et si George avait raison ? Violet pourrait peut-être transcender sa classe et trouver le bonheur. Elle le méritait tant.

Cora avait beau avoir été retrouvée et ne pas appeler à l'inquiétude, je ne pouvais pas partir avant d'avoir élucidé le mystère. Pourquoi Damon démontrait-il une telle réticence ? Il était forcément impliqué dans les meurtres. Mais dans quelle mesure ? Qu'avait-il fait ? Et avec qui ?

Je considérai à nouveau Henry et Violet. Absorbés par leur conversation, leurs têtes penchées l'une vers l'autre, on aurait dit qu'ils se connaissaient depuis des années. Au moins les pensées de Violet étaient occupées par une personne digne de confiance, ce qui me donnait l'occasion idéale de me lancer à la recherche du mystérieux vampire qui m'avait échappé le soir d'avant.

Me faufiler parmi la foule de convives se révéla infécond. Des filles si ivres qu'elles tenaient à peine debout essayaient de m'agripper au passage, et le vacarme de l'orchestre malmenait mes sens. Je sortis de l'entrepôt dans l'espoir de découvrir par quelle porte il avait disparu la veille, comptant sur l'éventualité qu'il ait laissé tomber quelque chose.

L'air frais me remit les idées en place. Je contournai le bâtiment pour en examiner chaque porte, chaque fenêtre. Là, le vent se leva et je reconnus l'odeur.

Du sang filait dans des veines, non loin. Je grinçai des dents. Le parfum, d'un côté, me donnait faim ; de l'autre, il me rendait nerveux. Le tueur devait faire partie des invités. Mais lequel ? Ou alors... – et cette perspective me plongeait dans une terreur redoutable – ... il venait de passer à l'attaque et le parfum qui flottait dans l'air était celui d'une victime fraîchement tuée ?

À cette possibilité, je me ruai à l'intérieur de l'entrepôt, fendant la masse de gens, déterminé à trouver la source de l'odeur. Je n'avais pas de temps à perdre. Je connaissais trop bien ce scénario pour l'avoir vécu de nombreuses fois : j'arrivais toujours sur place une demi-seconde, une demi-minute, voire une demi-journée trop tard. Seulement, cette fois, ce serait différent, songeai-je avec témérité, au moment où je heurtai un couple en train de danser une valse endiablée. J'avais cessé d'être un *bébé vampire*, un terme que Lexi employait avec dérision pour me qualifier. J'avais l'expérience et la sagesse qui seyaient à mon âge et au sang versé derrière moi. Aujourd'hui, j'arrêterais le mal avant qu'il ne frappe.

L'entrepôt se révéla plus vaste qu'il ne paraissait : le sol en béton semblait s'allonger sous mes pas alors que je slalomais entre des personnes riant aux éclats, fumant et buvant dans la plus grande insouciance.

— Excusez-moi ! hurlai-je, frustré.

Je jouai du coude-à-coude entre les danseurs, marchai sur des orteils au passage pour pouvoir suivre l'odeur âcre de fer de plus en plus vive... jusqu'à tomber sur un mur de chair.

En levant la tête, je découvris Samuel. Le dos bien droit, je lui adressai un sourire timide. Je me rendais compte que mon entrée précipitée dans l'entrepôt ainsi que mes recherches effrénées devaient me faire passer pour un ivrogne ou un fou.

— Excusez-*vous* ! lança Samuel, jovial. (Il vida son verre de whisky.) Vous avez l'air pressé.

Ce constat, apparemment, l'amusait.

— Je cherche quelqu'un, grommelai-je, tout en continuant à jeter des coups d'œil partout.

Je m'aperçus subitement que je n'avais vu Violet nulle part. Cela portait à deux le nombre de personnes que je devais retrouver : un tueur *et* une jeune femme innocente. Il fallait absolument que je m'assure qu'elle était en sécurité.

— Considérez qu'il est ici, devant vous !

Rieur, il se plaça en travers de mon chemin.

— Ce n'est pas vous. (En prononçant ces mots, je me rendis compte à quel point ils étaient grossiers.) Enfin, je veux dire que je cherche Violet.

— Violet ! (Ses yeux s'éclairèrent en entendant son nom.) Oui, je pense l'avoir aperçue au bar. Souhaitez-vous que je vous y emmène ?

Sans tenir compte des règles de politesse, je m'élançai vers le bar tout en continuant à analyser en vain la foule, qui s'étiolait au fur et à mesure de ma course, et je pus enfin avancer sans toucher personne ni être bousculé. Mes pupilles s'habituèrent à la faible lumière. Je courus jusqu'à l'extrémité de l'entrepôt, où deux portes donnaient sur les docks puis sur le fleuve. Elles avaient été calées au moyen de plusieurs caisses de lait en bois pour laisser rentrer l'air frais, supposai-je. Mais, contrairement au reste du bâtiment, cet espace était plongé dans le noir et désert. Je sentais d'ici les toiles d'araignée et la moisissure.

Et le sang.

Dehors, les nuages bougèrent et le clair de lune se refléta dans les carreaux sales de ce côté de l'entrepôt. Mon regard se posa sur une forme en boule, dans un coin. Je priai d'abord pour que ce soit un simple morceau de tissu jeté pendant la soirée. Ce n'était pas le cas. Le tissu était vert vif.

Je blêmis, devinant ce que j'allais découvrir avant même de retourner la forme.

Ce faisant, toutefois, je ne pus réprimer un cri d'effroi étouffé.

Violet, la gorge tranchée, tournait vers la foule de danseurs, à quelques mètres seulement de son corps livide et froid, des yeux bleus pleins d'une curiosité figée.

13.

Je devais sortir Violet d'ici avant que le tueur ne resurgisse pour illustrer ses talents de boucher. À la hâte, je la chargeai sur mon épaule. Son corps se refroidissait à vive allure et le contact de sa peau contre la mienne me fit tressaillir. Elle était morte et le tueur, introuvable.

Je jetai des regards fébriles autour de moi. L'orchestre jouait une nouvelle valse et l'avant de la salle regorgeait de couples dansant dans la pénombre. La scène semblait trop tape-à-l'œil, rivalisant avec le cirque de pacotille auquel j'avais travaillé à La Nouvelle-Orléans. Le meurtrier était quelque part dans cette cohue, se faufilant parmi les danseurs.

Mes crocs s'allongèrent, mes jambes aussi bien disposées à courir qu'à rouer de coups. Mais, dans un cas comme dans l'autre, j'en étais incapable. Debout, je restai figé sur place. Des gouttelettes de sang parsemaient le corsage de la robe de Violet telle une galaxie. Sur ses paupières, le trait de maquillage avait coulé comme si elle avait pleuré.

Je n'éprouvais pas de chagrin, mais un sentiment plus profond, plus primitif. J'étais enragé vis-à-vis de l'auteur de ce crime, et désespéré aussi. Le massacre ne cesserait donc jamais ? Combien d'autres victimes telles que Violet périraient encore à l'avenir ? J'aurais beau reprendre le chemin de l'Amérique, m'enfuir en Inde ou encore mener une vie de nomade de par le monde, cela ne changerait rien. De combien de morts serais-je encore témoin tout en sachant que ma mort à moi jamais ne viendrait ?

Je jetai un œil au corps sans vie de Violet, chassant ces pensées de mon esprit. Je songeai plutôt à sa courte vie, son sourire radieux lorsqu'elle avait enfilé une de ses robes de soirée, son visage baigné de larmes de joie, à la fin de la revue, sa foi inébranlable en le bien, dans le monde. Elle me manquerait – sa personnalité vivante et passionnée. Mais elle s'était également montrée sotte, trop confiante et trop vulnérable. Enfin, elle avait fait don de la verveine à sa sœur. Bien entendu, elle n'y avait pas vu davantage qu'un porte-bonheur. Cependant, avec l'herbe, elle serait encore en vie à l'heure qu'il était.

— *Puissent des cohortes d'anges chanter votre repos éternel*, récitai-je à défaut d'une prière, ma main sur son front glacé pour en dégager les boucles.

La citation me parlait plus que tous les sermons que j'avais écoutés et les psaumes que j'avais lus au cours de mon existence humaine. Je me penchai pour caresser des lèvres sa joue.

Soudain, elle se redressa, son corps parcouru de tremblements, ses yeux exorbités, de l'écume aux coins des lèvres.

Je basculai vers l'arrière et me relevai aussitôt dans un bond pour me cacher dans l'ombre.

— Stefan ? m'appela Violet d'une voix haut perchée qui n'avait plus aucune commune mesure avec son patois irlandais.

Frénétique, elle plaqua sa main sur sa gorge et ouvrit de grands yeux bouleversés lorsqu'elle découvrit qu'elle était couverte de sang.

— Stefan ? répéta-t-elle, ses yeux dardant des regards éperdus.

Sous le choc, je ne répondis rien. J'avais vu la mort de près un nombre incommensurable de fois et je ne doutais pas que Violet ait péri. Pourtant, elle était désormais vivante. Une seule explication possible : on lui avait donné à boire du sang de vampire avant de l'assassiner. Elle était en phase de transition.

— Stefan ? (Hors d'haleine, elle ouvrait et refermait la bouche dans un râle, en claquant des dents. Elle s'humectait également les lèvres, signe qu'elle avait soif.) Aidez-moi ! s'étrangla-t-elle presque.

Du fond de l'entrepôt, je discernais les notes de musique de l'orchestre alors qu'il entamait un nouveau morceau. Aucun convive, le cœur à la fête, ne se doutait de l'atrocité de la scène qui se déroulait sous mes yeux.

Je serrai les mâchoires. Je désirais plus que tout être fort pour Violet mais j'étais en état de choc.

Je savais qu'elle voulait du sang. Je n'avais pas oublié la sensation de faim proche de l'agonie que j'avais éprouvée en me réveillant en phase de transition. Violet respirait avec peine, de façon saccadée, alors qu'elle s'agenouillait puis se hissait sur ses jambes. Je m'approchai pour la soutenir.

— Chhh. (J'enroulai mes bras autour de son corps.) Chhh..., répétai-je en passant mes mains dans ses cheveux emmêlés et collés par la sueur et le sang. Vous ne craignez plus rien. C'est fini.

Bien sûr, il n'en était rien.

À quelques mètres de là, sur un quai voisin, je remarquai une petite yole, servant vraisemblablement à transporter des marchandises d'une rive de la capitale à l'autre ; elle flottait à la surface des vaguelettes de la Tamise. J'eus l'idée subite et folle d'embarquer afin de partir avec Violet le plus loin possible sur le fleuve.

— Que m'arrive-t-il ? demanda-t-elle, haletante, en serrant sa gorge.

— Tout va bien se passer, Violet. Mais je vous en conjure : dites-moi qui vous a fait ça.

— Je ne sais pas, admit-elle, le visage contracté.

Le sang s'échappait de sa blessure au cou pour dessiner sur le côté de sa robe un motif rouge qui, pour un peu, aurait presque pu être joli. Son visage était blafard et crayeux ; elle ne cessait de se lécher les lèvres.

— Je me dirigeais vers le bar. Et il m'a prise par le bras pour aller danser et... c'est tout ce dont je me souviens, avoua Violet, se tordant les mains tout en me suppliant du regard.

— Lui qui ? la pressai-je.

— Damon, dit-elle, incapable de réprimer ses pleurs.

Je me représentai le tableau : Violet, exaltée d'avoir attiré l'attention de Damon, le laissant l'accompagner au bar, lui commander un verre. Violet, anxieuse et coquette, impatiente d'entendre ce que mon frère avait à lui dire. Puis Damon, s'humectant les lèvres, fondant sur elle et la saignant avant de l'abandonner pour que je la trouve.

Eternel sauveur des demoiselles en détresse. Les paroles narquoises de mon frère me revinrent en mémoire. Il avait veillé à ce que je découvre sa proie comme lors des parties de cache-cache de notre enfance.

— J'ai si soif.

Violet se pencha par-dessus le bord du quai puis, les mains en coupe, but l'eau souillée du fleuve. Sur son visage, son dégoût s'afficha alors qu'elle avalait.

— Stefan... je ne me sens pas bien. Je crois que j'ai besoin de voir un médecin.

Elle prit sa tête entre ses mains tout en se balançant d'avant en arrière.

— Venez avec moi.

Je l'attirai contre moi. Tout son corps tremblait de soubresauts et ses grands yeux ruisselaient de larmes. Compatissant face à son trouble, je refusais de lui expliquer ce qui lui était arrivé sur ce quai sordide.

Je l'aidai à se relever puis me dirigeai avec elle vers la yole. Délicatement, je l'installai sur le sol de l'embarcation. Elle battit des paupières à plusieurs reprises et poussa un soupir en frissonnant.

— Je suis morte ?

Elle me tendit une main que je serrai dans la mienne. J'invoquai tous les souvenirs qui entouraient le moment de ma propre mort. J'avais éprouvé la même hébétude brumeuse, associée à la douleur coupable de perdre Katherine. Une fois la transition achevée toutefois, je m'étais senti plus vif que l'éclair en même temps que surhumain.

— Oui, confirmai-je. Vous êtes morte.

Violet se laissa tomber lourdement, paupières closes.

— C'est tellement douloureux, gémit-elle, avachie contre le bord de la barque, exténuée.

Son organisme ne supportait pas la violence de la transition. La colère monta en moi, semblable à un coup de poing. Damon allait me le payer.

Dans un coin du bateau, je pris un morceau de mousseline qui devait servir à réparer les voiles et le déployai sur elle à la manière d'une couverture. Elle venait de s'endormir, bien trop faible pour s'enfuir. Avec un soupir, elle s'enfouit sous l'étole tandis que je débarquai dans un bond pour rejoindre la soirée en courant.

Dès mon entrée dans le bâtiment enfumé, je reconnus la voix de mon frère. Sur fond de brouhaha, elle se détachait alors qu'il riait à gorge déployée, se moquant de l'expédition ridicule que lord Ainsley avait programmée en Inde. Indifférent aux témoins qui me verraient, je m'élançai vers mon frère à la vitesse d'un vampire.

Samuel et Henry plaisantaient avec lui sous le regard fasciné de Cora, qui buvait les paroles de ce dernier.

— Il faut que vous alliez en Inde, Damon. Vous vous plaignez toujours d'en avoir assez de Londres. (Henry leva sa coupe de champagne vers mon frère.) Un peu d'aventure vous serait sans doute bénéfique.

— Oui, je vous imagine assez bien en charmeur de serpents, suggéra Samuel. Vous avez déjà démontré votre talent en la matière sur les femmes.

Damon approuva d'un éclat de rire. La furie jaillit en moi. Comment osait-il plaisanter quelques minutes seulement après avoir attaqué Violet pour l'entraîner sur une pente que tous deux nous regrettions d'avoir empruntée ?

— Toi, l'interpellai-je dans un grognement.

Je traînai mon frère par le bras jusqu'à une allée qui menait aux quais, vide, à l'exception d'un clochard qui dormait, plus loin, sa bouteille de whisky serrée contre lui.

— Ah, conversation au clair de lune. Très romantique ! Que me vaut l'honneur ? me demanda-t-il, un sourcil arqué.

Je me recroquevillai, abhorrant tout ce qui émanait de lui, des intonations exagérées de Virginie qu'il prenait avec moi comme pour se railler de notre éducation rangée là-bas jusqu'à sa manie de déformer les mots de sorte qu'il était seul à en rire, en passant par la façon dont il tournait tout au ridicule, y compris l'existence humaine.

— Je te considère comme mort, grondai-je en l'empoignant pour le propulser contre le mur opposé, satisfait du *crac* que son crâne produisit sur le béton.

Il s'écroula par terre telle une vulgaire poupée de chiffon puis se releva, ses yeux jetant des éclairs haineux dans l'obscurité. Il avança d'un pas vers moi, s'arrêta et se mit à ricaner doucement.

— On dirait qu'on a retrouvé sa force, commenta Damon en massant ses tempes.

Sa blessure s'était refermée presque instantanément, laissant sa peau blême intacte.

— Pourquoi es-tu à ce point en colère ? Tu n'as pas trouvé le meurtrier que tu cherchais ? me défia-t-il à voix basse.

— Fini de jouer. Le meurtrier, c'est toi ! crachai-je, le sang bouillonnant dans mes veines.

Le voir souffrir, voilà ce que je souhaitais. Le seul ennui : je n'y parviendrais pas. Jamais.

— Moi ? Vraiment ? Dites-moi, détective Salvatore, comment en êtes-vous arrivé à cette conclusion ?

Telle était donc sa nouvelle façon de me tourmenter. Fini les coups, les bagarres : seulement une torture psychologique. Eh bien, c'était réussi.

— Tu m'as fait porter le chapeau de cette attaque, l'autre jour, et maintenant, tu tues Violet, résumai-je d'une voix aussi fracassante qu'un éclat de tonnerre.

Un torrent d'expressions défila sur le visage de mon frère – la haine, la fureur, l'exaspération – avant qu'il bondisse sur moi pour me plaquer au mur de béton froid, son nez touchant presque le mien. Je remuai pour me dégager mais il me maintint plus fort.

— J'ai essayé d'être patient avec toi, petit frère, commença-t-il avec hargne. Je pensais que deux décennies nous auraient fait du bien à tous les deux mais tu restes le même. Il faut toujours que tu t'immisces dans chaque situation, persuadé que tu peux l'arranger, toi le bon vieux chevalier dans son armure briquée qui prend tous les malheurs du monde sur ses épaules. Mais... (Il baissa d'un ton.) Tu n'es pas innocent. C'est toi qui as commencé tout ça. Et la mort ne commence ni ne finit avec moi : il serait temps que tu t'y fasses. Les gens meurent, que tu le veuilles ou non. (Il me lâcha le cou, non sans m'avoir craché au visage d'abord.) Et je te préviens : la prochaine fois que je ferai irruption dans ta vie, l'heure ne sera plus aux soirées et aux pique-niques. Tu peux me croire si je te le dis.

Il tourna alors les talons pour regagner l'entrepôt.

Je le suivis du regard, les poings serrés, la douleur lancinante des entailles laissées par ses soins bien présente. Damon était beaucoup plus puissant que moi et, de toute évidence, il avait tenu à me le rappeler. Je réfléchissais à sa jubilation que Violet soit morte. Bien sûr qu'il ne changerait jamais. Me voir souffrir lui provoquerait toujours le même plaisir. Parce qu'il ne voyait que le préjudice que je lui avais causé, il continuerait à détruire tous ceux qui comptaient pour moi. Il tuerait encore et encore. Tout ça pour quoi ? Pour régler ses comptes avec moi, même si c'était impossible. Car je l'avais peut-être changé en vampire, mais lui seul s'était transformé en monstre.

Seulement, Violet était désormais en pleine transition, et le seul moyen de racheter mes erreurs serait de lui venir en aide. Je me précipitai vers la yole ; sous la bande de tissu, je distinguai un faible mouvement.

— Violet !

Je tombai à genoux près d'elle. Ses paupières se rouvrirent sur deux grosses pupilles troubles. Je la serrai fort contre moi, regrettant de ne rien pouvoir faire pour elle hormis lui garantir l'opportunité de quitter ce monde comme elle y était venue - en être humain, sans qu'elle ait de sang sur les mains.

— Stefan, dit-elle d'une voix rauque, luttant pour se redresser.

— Il faut y aller.

Je la forçai à tenir debout. Damon ne tarderait pas à partir à sa recherche pour s'assurer qu'elle avait achevé sa transformation. J'aurais dû retourner à l'intérieur pour chercher Cora mais c'était trop risqué. Je m'en remettais à la verveine pour l'aider quand je ne le pouvais pas.

Je n'avais pas grand-chose à offrir à Violet, si ce n'était, au moins, lui laisser le choix ; le choix et la possibilité de prendre une décision éclairée en lui présentant ce qui se passerait dans un cas comme dans l'autre. C'était un choix impossible, monstrueux, mais il lui appartenait et il se pouvait que ce soit son dernier. Elle méritait du calme pour ce faire. Je devais la mettre en sécurité.

— Venez.

Mon bras sous elle, je la tins fermement avant d'entamer une course, d'abord maladroite, puis à ma vitesse habituelle, usant de la pleine capacité de mes pouvoirs. Une fois ou deux, je crus apercevoir un rideau bouger ou une ombre trop allongée pour être mienne. À un moment, je pensai même avoir entendu des pas précipités dans mon dos. Chaque fois, cela me poussait à accélérer davantage, ne m'arrêtant quasiment pas jusqu'à la rue de notre hôtel. Sur place, je marquai une pause. Damon savait que nous logions ici. Nous n'y serions donc plus en sécurité. Je considérai un instant Violet, toujours aussi désorientée et de plus en plus faible.

— La soirée ? (Elle se redressa en position assise, une main sur le front.) Le champagne... Ai-je trop bu ?

Que n'aurais-je pas donné pour être en mesure de répondre *oui* et lui épargner la douleur des heures qui s'annonçaient ! Mais elle méritait plus que cela. Je ne lui avais pas menti en la trouvant et ne commencerais donc pas maintenant. Il m'importait plus que tout qu'elle agisse en connaissance de cause. Je lui devais bien cela. En repensant à la façon dont son visage s'était illuminé au Gaiety Theatre, il me vint soudain une idée.

— Allons au théâtre.

— Au théâtre ?

Elle cligna des yeux, incrédule. Je me mettais à sa place : son état de santé était critique – même elle s'en rendait compte – et moi, je donnais l'impression de l'inviter à des mondanités.

Je confirmai d'un signe de tête et aidai Violet à se mettre debout. Ensemble, nous clopinâmes sur les trottoirs pavés et déserts. L'aube pointait.

Les lumières du Gaiety étaient éteintes mais la porte du théâtre avec ses gonds rouillés ne fut pas difficile à forcer. Une fois à l'intérieur, je poussai un long soupir.

Enfin, je me sentais en sécurité, inaccessible pour Damon.

— Si c'est une autre soirée, je ne crois pas que je sois en état.

Mon cœur se serra en percevant la déception dans la voix de Violet. Je l'assis près de moi dans un des sièges de velours rouges face à la scène.

— Je vous ai emmenée ici car je sais à quel point vous aimez cet endroit, et ce que j'ai à vous dire ne sera pas facile à entendre.

Ce serait aussi plus aisé d'avoir cette conversation sans se regarder.

— Damon... démarra Violet avant de s'interrompre en frissonnant. Il s'est montré tellement attentionné. Il m'a présentée à tous ses amis. Et puis après...

— Il vous a attaquée, terminai-je d'une voix terne.

Elle grimaça mais ne nia pas.

— Je me souviens que j'ai bu du champagne. Je riais et... Je ne sais plus. Comme si j'avais perdu la mémoire.

Je jouai à faire tourner la bague de lapis-lazuli à mon doigt. À l'époque de ma transition, la dame de compagnie de Katherine, Emily, m'avait expliqué le processus en œuvre. C'est elle qui m'avait offert la bague. Katherine l'avait chargée d'en donner une à Damon et l'autre à moi. Emily avait gardé son calme et ses distances tandis que je souffrais. Moi, je n'en serais pas capable.

— Stefan, que m'arrive-t-il ?

J'entrelaçai les doigts glacés de Violet dans les miens.

— Vous êtes en phase de transition. Vous avez été tuée par un vampire. Damon.

— Un vampire ? répéta-t-elle, la voix cassée. Les vampires, cela n'existe que dans les contes. Qu'est-ce que vous racontez ?

— Non, ils existent vraiment. J'en suis un. Et Damon aussi. Nous sommes frères. Pour de vrai, racontai-je les yeux droits devant.

Je détestais m'entendre raconter cette histoire mais savais que ce serait bien pire de garder la vérité pour moi.

— En apparence, nous sommes humains. Nous l'étions autrefois. Damon et moi avons grandi ensemble ; nous nous entendions bien. Nous formions une famille. Mais plus maintenant. Nous ne survivons qu'à condition de boire le sang d'autrui. J'ai choisi celui d'animaux. Pas mon frère.

— Cela signifie que moi aussi, alors, je suis un vampire ? souleva-t-elle d'une voix tremblante.

— Non, affirmai-je, catégorique. Damon a tué votre corps humain mais en vous donnant son sang au préalable. Pour achever la transition qui ferait de vous un vampire à part entière, il faut que vous buviez du sang humain. Dans le cas contraire, votre corps mourra.

Les murs semblèrent se refermer sur moi à cet instant.

— Mais Stefan, je ne comprends pas. S'il y a un moyen de survivre alors pourquoi...

Elle parlait d'une voix si pleine d'innocence que mon cœur saignait.

— Ce n'est pas aussi simple. Être vampire, ce n'est pas comme être en vie. Vous êtes consumé par votre désir de sang, votre désir de tuer. Vous devenez une personne complètement différente...

Violet pressa sa main sur ma poitrine, d'abord doucement puis en insistant de plus en plus. Je résistai à l'envie de la repousser. C'était un geste intime, le genre qu'on imagine entre deux amants.

— Je ne peux pas... C'est impossible... dit-elle avec horreur tandis qu'elle continuait à frotter ma poitrine. Je n'entends pas les battements de votre cœur.

Enfin, elle comprenait ce que j'avais voulu dire.

— Non, reconnus-je patiemment.

— Et si j'avais envie... de devenir vampire moi aussi ? Comme vous ?

— Je vous y aiderais. La décision vous appartient. Mais il importe que vous réfléchissiez sérieusement avant de vous décider. Ce n'est pas une vie. Pas une bénédiction de vivre pour toujours. Vous voyez tellement de gens mourir et vous, vous restez une créature des ténèbres. Il vous faudra vivre dans l'ombre, cachée ; vous ne pourrez sortir que la nuit. Et vous ne devriez pas avoir à vivre ainsi. (Je serrai sa main.) Vous êtes née pour vivre dans la lumière.

Les sanglots de Violet redoublèrent alors que la réalité de sa situation lui apparaissait crûment.

— Je commençais seulement à vivre...

Elle se caressa le cou avec la tendresse d'un amant pour une ancienne maîtresse. Sa main tomba ensuite sur sa poitrine puis elle plongea son regard mouillé de larmes dans le mien.

— Quand ?

— Bientôt.

Je jetai un bref coup d'œil par la porte du théâtre restée entrouverte. Le ciel s'éclaircissait. Nous ne pouvions pas rester ici. Violet avait besoin d'un endroit sûr et rien ne l'était véritablement à Londres à cause de Damon.

Violet renifla, deux grosses larmes roulant de chaque côté de son visage.

— Je veux rentrer chez moi, déclara-t-elle d'une toute petite voix. Je veux rejoindre ma mère et mes sœurs. Ma place n'est plus ici. Si je dois mourir... et je veux mourir, car jamais je ne deviendrai un monstre, je veux que ce soit en tant que moi-même. Violet Burns. Je veux être chez moi. Avec Cora.

Elle fixait fièrement un point imaginaire droit devant elle. J'aurais voulu affréter un bateau ou traverser la sombre mer d'Irlande à la nage afin d'exaucer son vœu, seulement ce n'était pas possible. Et Violet le savait aussi bien que moi.

— Je bavasse. En vérité, je veux simplement voir ma sœur une dernière fois.

— Je sais. Mais si nous la cherchons, alors Damon vous trouvera. Cora ne craint rien. Elle est protégée : le pendentif que vous lui avez donné est plein de verveine. C'est une herbe qui protège les humains des vampires. Je ne vous l'ai pas dit parce que je ne voulais pas vous effrayer mais...

Violet porta la main à la base de son cou.

— C'est ma faute, comprit-elle.

— Non, vous avez sauvé la vie de votre sœur. Peu importe que vous ayez su ce qu'il y avait dans le pendentif, vous saviez qu'il portait chance et vous en avez fait cadeau à votre sœur. C'était un geste d'amour.

Et moi ? Dans pareille situation, en aurais-je fait autant pour Damon ?

— J'espère qu'elle pensera à moi en le portant. Je pourrais peut-être lui écrire une lettre, improvisa Violet. Et vous la lui remettrez. Elle a besoin de quelqu'un pour veiller sur elle.

— Bien entendu. Je veillerai sur Cora. Et je vous promets qu'il ne lui arrivera rien. Je sais où je vais vous emmener, déclarai-je en la prenant par la main.

J'espérais que la propriété des Abbott lui rappellerait les collines ondulantes irlandaises dont elle m'avait parlé. C'était un mince réconfort par rapport à ce qu'elle souhaitait vraiment mais c'est ce que je pouvais faire de mieux.

Violet, docile, hocha la tête. Je l'observai dans son agonie, une larme menaçant de jaillir de ma paupière. Je la laissai finalement couler ; elle tomba sur les cheveux de Violet. J'aurais voulu pouvoir la sauver. Tout ce que j'avais essayé ce soir-là, c'était la protéger, et, maintenant, en la voyant immobile dans mes bras, couverte de sang de vampire, je me rendais compte que j'avais échoué.

14.

J'eus parfois l'impression dans le passé que quelque chose ou quelqu'un veillait sur moi. Sinon, comment Violet et moi aurions pu rejoindre la gare de Paddington sans nous faire arrêter par la police ou par un témoin inquiet ? Par chance, nous pûmes voler quelques vêtements dans les bagages d'un voyageur qui attendait le train et remplacer ainsi nos habits maculés de sang. Toutefois, je devais soutenir Violet contre mon flanc, et même un passant, au premier coup d'œil, aurait dû s'apercevoir qu'elle était à l'article de la mort. C'était donc un miracle que personne ne nous ait remarqués.

Je n'y voyais pas un signe de la Providence. Peut-être que je changerais un jour d'opinion mais, pour le moment, je n'y percevais que la preuve du mal qui coulait dans mes veines. Je faisais peur aux gens. Ce soir-là, les seuls capables de se mettre en travers de notre chemin étaient des monstres.

Une fois à la gare, j'utilisai les pièces de monnaie qui traînaient dans ma poche pour nous acheter deux billets jusqu'à Ivinghoe. Nous prîmes le premier train quittant la ville et j'aurais dû éprouver un réel soulagement ; cependant, je ne parvins pas à me détendre. Parce que j'ignorais totalement quand Violet rendrait l'âme. Le seul espoir que je nourrissais était de pouvoir la mener jusqu'au Manoir, dans la sécurité de ma chaumière.

— Stefan ?

Ses doigts, aussi légers qu'une aile d'oiseau-mouche, m'effleurèrent le bras.

— Oui ?

Je cessai de regarder par la fenêtre. Violet ne semblait plus mourante du tout : au contraire, ses joues étaient rouges et ses yeux, brillants. Après presque une heure dans le train, nous traversions désormais la périphérie de Londres. Une simple brise champêtre accomplissait des merveilles sur Violet mais elle ne la sauverait pas.

— Je me sens mieux, chuchota-t-elle, revigorée, visiblement, par les mêmes conclusions que moi. Vous pensez que je pourrais vivre ?

— Non, répondis-je tristement.

Je ne voulais pas passer pour un sans-cœur mais il serait encore plus cruel de lui donner de faux espoirs. Peu importait la façon dont elle se sentait ou bien son apparence, son sort était scellé.

— Oh, dit-elle tout bas.

Les lèvres pincées, elle contempla le paysage de verdure par la vitre. Le compartiment où nous étions assis était identique à celui dans lequel j'avais voyagé lors de ma venue à Londres. Un plateau couvert d'un service à thé en argent était posé entre nous, des assiettes en porcelaine empilées avec des scones et des sandwichs. Il était encore très tôt et les wagons étaient quasiment vides. Violet oscillait entre des phases où elle somnolait et d'autres où elle prenait de menues bouchées de scones. Pour ma part, je passais la majeure partie du trajet à admirer la vue par la fenêtre – une campagne verdoyante et luxuriante qui reflétait parfaitement la noirceur de mon état d'esprit.

— Une fois la transition entamée, il n'existe pas de cure, répétai-je avec patience.

— Sauf si je bois du sang humain, rectifia Violet.

— Ce n'est pas une cure.

— Je sais, reconnut-elle.

Son regard se perdit au loin.

— Si je pouvais revenir en arrière et tout recommencer, je choisirais de mourir.

Je posai ma main sur la sienne dans un geste de réconfort.

— Il y a tant de choses que je n'ai pas vues, tant de choses que je n'ai pas faites. Je ne suis jamais montée sur scène. Je n'ai jamais eu d'enfants... Je ne suis jamais tombée amoureuse.

Je poursuivis mes caresses sur sa main. Que pouvais-je faire d'autre ?

Violet geignit et cala sa tête sur mon épaule.

— J'ai si froid, expliqua-t-elle dans un murmure.

— Je sais, je sais.

Je lissai ses cheveux de la main, réfléchissant à un moyen d'adoucir sa mort. J'y étais déterminé. Lorsque nous serions arrivés au Manoir, à l'abri du danger, je comptais sur le calme de mon logis pour lui servir de consolation et pour qu'elle puisse ainsi s'éteindre en paix. Elle n'avait pas eu la vie facile. Je lui souhaitais une vie après la mort tellement plus paisible.

La respiration de Violet devint plus régulière et elle sombra dans un profond sommeil. Je jetai un coup d'œil par la vitre. Plus nous nous éloignions de Londres, plus le ciel s'éclaircissait. Un faible bruit survint soudain.

— Oui ? dis-je à voix haute en supposant qu'il s'agissait d'un employé des chemins de fer venu nous réapprovisionner en scones et journaux.

Pas de réponse. Le bruit de grattement persistait pourtant, trop fort pour être celui d'un rat voyageant clandestinement.

J'entendis alors autre chose, comme si le train était entré en collision avec un gros animal. Néanmoins, la locomotive n'interrompit pas sa course. Alors que j'observais le dehors par la vitre, un long grondement étrange et inconnu s'échappa de ma gorge.

Là, la tête à l'envers, le nez collé à la fenêtre pour scruter l'intérieur du wagon, les boucles blondes flottant au vent, se trouvait le frère de Samuel, Henry.

Nos regards se croisèrent et, dans un réflexe peu lucide, je crus qu'il était venu ici pour voir Violet – un geste de galant un peu trop zélé. Mais alors, je remarquai ses canines allongées, ses yeux injectés de sang, et je compris peu à peu. Henry était un vampire. Henry ne s'était pas lancé à la poursuite de Violet par amour. Il nous traquait... nous.

Je rabattis violemment les rideaux damassés bleus puis balayai nerveusement le compartiment des yeux à la recherche d'une issue. Bien sûr, il n'y en avait pas. Mon cœur se serra. Damon devait se cacher derrière tout cela. Je ne voyais pas d'autre explication. Autrement, pourquoi Henry serait-il ici ? Même enfant, il harcelait les frères Giffin pour qu'ils jettent des pierres sur les trains ou encore qu'ils laissent les poules s'échapper pendant un barbecue. Ainsi, il était assuré d'échapper à la punition. Aujourd'hui, il recommençait, mais avec ses amis les vampires.

La sécurité de Violet avant tout. Jamais je ne laisserais Henry s'emparer d'elle pour la forcer à boire du sang. Je les empêcherais de la transformer en vampire contre sa volonté. Je me ruai vers le wagon de queue pour grimper par l'échelle branlante sur le toit en acier. Le vent projetait des poussières de terre et de pierre dans mon visage tandis que la suie et les vapeurs de la locomotive me bouchaient la vue.

— Henry ! m'écriai-je en m'accrochant au conduit d'échappement qui pointait vers le ciel.

Accroupi, je m'apprêtai au combat mais rien ne se produisit. Le train continuait à avancer. Un éclair de doute passa dans mon esprit. Avais-je eu une vision ? Une hallucination paranoïaque ?

Dans mon dos, un cri outragé éclata.

Avant d'avoir le temps de me retourner, je sentis un poids sur mon dos puis des mains froides se refermer autour de mon cou. Le souffle coupé, je tentai de me libérer. Le bras de Henry, qui écrasait ma trachée, m'étouffait. Dans un grondement, je luttai pour le repousser sans perdre l'équilibre.

— Prêt à mourir ? me susurra le vampire à l'oreille.

Il s'exprimait d'une voix posée, son accent modulé à la perfection, son souffle chaud contre ma peau. Il serra ma gorge de plus belle.

Mourir. Le mot résonnait dans ma tête. J'avais oublié le sentiment d'être traqué. Et voilà que j'étais captif. Si je ne faisais rien, je mourrais. Quant à Violet, elle connaîtrait pire que la mort. Il fallait que je fasse quelque chose. Je devais...

Reste tranquille. La voix – celle de Lexi ? La mienne ? – m'ordonna ces instructions totalement contraires à mon instinct du moment. Mon bras se contracta convulsivement sous celui de Henry. *Ne bouge pas !* insista la voix.

— On a peur ? Et toi qui me voyais comme le gentil petit Henry. Un des amis dandys de Damon, sans importance ni digne de l'intérêt d'un gros vampire américain puissant comme toi. J'ai raison ou pas, camarade ? lança-t-il avec sarcasme en resserrant encore son emprise.

Il cherchait indéniablement à me rompre le cou, puis il m'empalerait sur un pieu ou me brûlerait sans doute, ou toute autre chose conforme à son inspiration du moment. Autre solution : me jeter du train et me laisser en pâture aux animaux sauvages. Des dizaines de scénarios, tous plus horribles les uns que les autres, se succédaient dans mon esprit.

— Comment ça ? Tu ne comptes pas me parler ? me provoqua-t-il.

Les yeux rivés au sol qui défilait à toute allure en bas, je rassemblai toute l'énergie que je pouvais encore trouver en moi. Je repensai à la mort de Callie que je n'avais pas réussi à venger. Et à Violet, la prochaine sur la liste.

— C'est terminé ! hurlai-je.

Je pivotai sur moi, les poings devant. J'étais plus large d'épaules que lui, mais, à en juger par la pression qu'il exerçait sur ma gorge, je savais qu'il était plus fort que moi. Il ne me restait plus qu'à miser sur ma rapidité et mon intelligence.

— C'est ce que tu veux ? grogna Henry en se ruant sur moi.

En esquivant sur le côté, je perdis l'équilibre et mon pied glissa dans le vide. Je me raccrochai au conduit de vapeur alors que Henry me frappait de son poing à la tempe. Ma vue se brouilla.

Le rire suave de Henry me tira alors de mon hébétude endolorie.

Je fis semblant de tituber, comme sur le point de tomber, essayant de prendre mon ennemi par surprise. Quand, soudain, je virevoltai et lui assénai un coup.

Le sang jaillit de sa bouche ; je reculai pour admirer mon travail.

— Pas aussi facile que ce que tu pensais, n'est-ce pas ? le provoquai-je sur un ton répugné.

Mon frère avait probablement informé sa petite bande que j'évitais à tout prix les conflits, même à mes dépens. Eh bien, plus maintenant. C'en était fini des jeux de Damon.

Henry recula de quelques mètres, frottant sa blessure et stabilisant son pas. L'entaille se refermait déjà ; il fallait que j'agisse vite.

Je pliai les genoux avec l'espoir que des années de saut d'obstacles à cheval me seraient utiles. Tout résidait dans l'art de regarder droit devant soi sans jamais, surtout, détourner le regard. Je fixai un creux au centre de la surface métallique du wagon, un peu plus loin, et sautai.

Mon corps fut propulsé dans l'espace telle une poupée de chiffon. En dessous, j'entendis Henry gronder. Je ne le regardai pas, concentré sur le petit creux du wagon jusqu'à ce que mes pieds heurtent la surface en résonnant sourdement. Alors, après un demi-tour, je me précipitai vers lui, visant son visage pour le frapper de toutes mes forces. Il se releva, vacillant sur une jambe, suspendu en plein air à l'instar d'un danseur qui attendrait le porté suivant, puis tomba finalement du train. Son corps s'écrasa par terre – une boule de plus en plus petite au fur et à mesure que la locomotive filait vers l'avant.

— Rendez-vous en Enfer, murmurai-je.

Pour n'importe qui d'autre, cela sonnerait comme une malédiction. Pour moi, c'était une promesse.

Je gravis l'échelle en sens inverse pour regagner le dernier wagon, priant que ni chef de train, ni policier ne m'y guetterait. Tremblant et faible, j'étais couvert de sang et de suie.

Je rejoignis mon compartiment, soulagé qu'on ne m'ait pas arrêté en chemin. Violet dormait toujours, sa respiration légère et interrompue de temps à autre par un halètement – de douleur ou à cause d'un cauchemar ? Elle seule le savait.

Je ne tenais pas en place, incapable de m'asseoir, longeant le compartiment tel un animal sauvage en cage. Damon avait donc chargé Henry de terminer son sale boulot. La question, c'était : y en avait-il d'autres ? J'avais réussi à en combattre un mais aurais-je l'énergie d'en repousser plusieurs ? Combien de temps encore leur échapperions-nous ? Assez pour que Violet meure en paix ?

Le train se mit à siffler. Violet remua sur mes genoux. Nous arrivions en gare d'Ivinghoe.

— Réveillez-vous.

Doucement, je la secouai. Une douleur lancinante battait à mes tempes. La plaie était lente à se refermer – signe patent que je perdais rapidement en puissance.

— Stefan, dit-elle d'une voix endormie avant de rouvrir les yeux, poussant un hoquet de surprise lorsqu'elle m'aperçut. Que s'est-il passé ?

— On nous a suivis, expliquai-je sans détour.

Je jetai un coup d'œil à mon reflet dans la vitre, derrière Violet. J'avais l'air affreux – la mine d'un soldat tout juste rentré du champ de bataille. Ce qui, à bien y réfléchir, se rapprochait assez de ce que j'avais vécu.

— Henry, précisai-je fermement.

— Henry ! (Le teint de Violet devint livide.) Que voulez-vous dire ?

— C'est un vampire lui aussi. Damon a beaucoup d'amis dangereux. Mais je m'en suis débarrassé.

À m'entendre, il était aisé d'en déduire que je l'avais tué, ce que j'espérais de tout cœur. Seulement, quelque chose me disait que je l'avais tout juste blessé et qu'il ne tarderait sans doute pas à nous rattraper. Le train siffla de plus belle alors que nous pénétrions dans la modeste gare.

— Venez avec moi, commandai-je à Violet.

Elle se releva avec peine et me suivit dans l'allée pour sortir.

— Monsieur ? m'interpella un employé des chemins de fer, derrière nous.

Je pivotai sur moi et lus la surprise dans son regard alors qu'il découvrait le sang sur mes mains, la crasse de mes vêtements noirs de suie.

Encore une fois, m'enjoignis-je, les yeux dans les yeux avec l'homme. Le fait que j'aie tant manipulé de gens au cours des jours passés ne signifiait pas que l'opération requérait une moindre dose d'énergie. Bien droit, immobile, je lançai à l'employé, sur fond du crissement des roues sur les rails :

— Vous ne nous avez jamais vus.

Violet, pressant mes doigts, se dissimula dans mon dos à la manière d'un animal apeuré cherchant la protection d'un des membres plus robustes de sa meute.

Je continuai à soutenir le regard de l'homme somnolent.

— Nous partons. D'ici la fin de votre contrôle du wagon, vous nous aurez oubliés.

Je descendis les trois marches qui menaient au quai, le chef de train sur les talons. Il se pencha par-dessus le marchepied, avec l'air incertain de quelqu'un qui se demande s'il doit sauter du train pour nous interroger ou non. Je ne cessai de le toiser.

— Jamais vu... l'entendis-je acquiescer.

Alors, le sifflement de la locomotive retentit à nouveau, annonçant son départ vrombissant vers la prochaine ville.

— Expliquez-moi ce qui vient de se passer, exigea Violet, les mains sur les hanches, enveloppée du tourbillon de poussière que le train soulevait en partant.

Hébétée, elle titubait à la manière d'une ivrogne.

— C'est un pouvoir que les vampires possèdent. Je peux plier les gens à ma volonté. Je n'aime pas cela mais je dois reconnaître que, parfois, c'est bien pratique.

Ma seule crainte était de devoir user de cette tactique pendant le trajet de cinq kilomètres jusqu'au Manoir Abbott. Mme Todd, la postière, ou M. Evans, le propriétaire de l'épicerie, étaient parfaitement susceptibles de jeter un œil entre leurs rideaux, curieux de savoir ce que Stefan, le jeune homme au service des Abbott, pouvait bien fabriquer en compagnie d'une fille en pleurs, blafarde et chétive.

— Mais ici, à Ivinghoe, vous serez en sécurité.

Elle secoua la tête.

— Je ne suis pas en sécurité, récusa-t-elle d'une voix faible. Je suis en train de mourir.

Je la vis grimacer : la brûlure du soleil devait être insupportable. Des plaques rouges marquaient ses bras et ses jambes tandis que son visage luisait sous des gouttes de transpiration. Je posai un regard impuissant sur ma bague en lapis-lazuli. J'aurais voulu pouvoir aider Violet mais je ne pouvais pas enlever le bijou.

— Allons-y.

Je passai mon bras sous le sien et traversai la rue pour aller à l'ombre. Ce n'était pas grand-chose mais c'était mieux que rien. Ensemble, nous empruntâmes d'un pas traînant la route tortueuse qui conduisait au Manoir Abbott.

15.

Le temps que nous parvenions au sentier qui remontait jusqu'à l'arrière de la propriété des Abbott, mon esprit s'était éclairci. Les bois, d'une beauté sauvage et mystérieuse, se déclinaient dans des camaïeux foncés. Une des légendes locales voulait qu'autrefois des fées y aient élu domicile, dissimulées dans les troncs de chênes majestueux où elles gardaient sur la forêt un œil vigilant et protecteur. Bien entendu, je ne croyais pas en cette légende. J'avais passé suffisamment de temps dans ces bois, capturé et tué assez d'animaux pour savoir qu'il n'y avait pas de créatures bienveillantes protégeant la forêt. Ou alors, si c'était le cas, elles avaient mieux à faire que de sauver un écureuil aventureux ou un lapin errant tombé entre les griffes d'un vampire.

L'histoire, toutefois, me réconfortait ne serait-ce que parce qu'elle prouvait que les humains avaient encore foi en le bien en dépit de tout le mal qui sévissait parmi eux.

Nous marchions vers la clairière où le manoir en briques de trois étages s'élevait au sommet d'une colline.

— Nous y sommes, annonçai-je avec un geste grandiloquent de la main, tel un roi montrant ses terres à un sujet.

— C'est beau. (Un timide sourire se dessina sur les lèvres pâles de Violet.) Très vert. Ça ressemble un peu à chez moi.

Le chien de la maison aboya et me fit sursauter. Luke ou Oliver ne devaient pas être loin. Je ne voulais pas qu'ils voient Violet : trop de questions auxquelles je ne croyais pas pouvoir répondre. Sans crier gare, je soulevai la jeune femme dans mes bras pour l'emmener dans ma chaumière. À l'intérieur, je l'assis à la table bancale de ma cuisine. Je m'empressai alors de changer de chemise, me lavai le visage et mouillai mes cheveux. Dans le miroir, je vis que Violet me toisait d'un regard suspicieux.

Je me tournai pour lui faire face. Elle s'humecta les lèvres et dit sur un ton plaintif :

— J'ai tellement soif.

— Je sais.

Que pouvais-je dire d'autre ? À cet instant, ma porte s'ouvrit dans un grincement. Je paniquai, redoutant que mon logis ne soit pas aussi sûr que ce que j'escomptais.

— Stefan, vous êtes revenu ! (Oliver entra en trombe et m'enlaça à hauteur des genoux.) Je savais bien que je vous avais vu. Vous êtes rentré plus tôt que prévu ! On va chasser aujourd'hui ?

— Plus tard. (J'ébouriffai ses cheveux blonds pour me donner une contenance.) J'ai de la visite. Oliver, je te présente Violet.

Il écarquilla les yeux en la voyant, ce qui me rappela la fascination que la jeune fille avait exercée sur les spectateurs au théâtre. Elle dégageait quelque chose de spécial.

— C'est ma cousine, mentis-je.

L'intéressée se mit à genoux et tendit la main en souriant largement.

— Bonjour, jeune homme.

Oliver, néanmoins, ne dit mot, immobile, subjugué. Soudain, son émerveillement se mua en hésitation. Se pouvait-il qu'il perçoive sa véritable nature ? En Virginie, nos chevaux s'agitaient toujours en présence de Katherine. En allait-il de même pour les enfants ?

— Elle va venir chasser avec nous ? voulut savoir Oliver sans détacher son regard de Violet.

— Non, désolé, c'est impossible, répondis-je simplement.

Pourvu qu'il ne demande pas davantage d'explications.

— Mais vous allez venir pour le dîner, au moins, Stefan ? Vous nous avez tellement manqué !

— Oui. Va donc prévenir Mme Duckworth que Violet et moi sommes ici. C'est d'accord ? À tout à l'heure.

Le garçon hocha la tête mais sans bouger pour autant.

— Vas-y ! le pressai-je.

Je n'avais eu aucune intention de présenter Violet aux Abbott. Mon objectif était qu'elle s'éteigne en paix. À l'inverse, je ne souhaitais pas non plus éveiller les soupçons, alors il ne nous restait plus qu'à aller dîner au Manoir et faire comme si de rien n'était. Le teint de Violet avait déjà viré au cadavérique : la mort s'insinuait en elle. Comment savoir à quel point son état se serait aggravé d'ici le dîner ? L'heure tournait et je culpabilisais énormément de lui faire passer ses derniers moments sur terre dans le mensonge.

— Oui, Stefan.

Oliver franchit la porte d'un pas traînant pour se diriger vers le chemin en pierres qui conduisait à la demeure de ses parents.

— Il faut que nous allions dîner avec eux. Je suis désolé.

— Non, ne soyez pas désolé.

Violet avait l'air aussi éreintée que dépassée. La culpabilité me rongeant de l'intérieur, je m'accrochais à la consolation qu'elle trouve un semblant de réconfort dans cette maison.

— Je leur dirai que vous êtes ma petite cousine, la prévins-je en l'escortant sur le sentier du manoir. Nous nous sommes retrouvés à Londres et je vous ai invitée à la campagne quelques jours. Ça vous convient ?

Elle confirma d'un mouvement de tête. Elle se léchait sans cesse les lèvres ; quant à ses pupilles, je remarquai qu'elles se dilataient de plus en plus. Sa transition, déjà bien avancée, avait atteint un pic : son organisme luttait de toutes les façons possibles pour survivre, même si cela signifiait boire du sang.

— Stefan ! m'accueillit George d'une voix tonitruante à notre entrée dans le vestibule.

Oliver avait accompli sa tâche de messager car le chef de famille, de toute évidence, nous attendait. Son ventre saillait sous son gilet et il paraissait plus rougeaud que la dernière fois que je l'avais vu.

— Vous arrivez juste à temps pour le souper. Moi qui craignais que vous soyez si charmé par la capitale que jamais vous ne reveniez à la campagne. Mais je constate avec plaisir que vous êtes rentré ! Et en compagnie qui plus est !

Il lança un regard plein de curiosité à Violet.

— Monsieur, je me suis permis d'inviter ma cousine Violet à découvrir les environs. Je vous prie de m'excuser de ne pas vous avoir prévenu à l'avance.

— Stefan m'a tellement parlé de cet endroit que j'ai eu envie de le voir de mes propres yeux.

En comédienne née, Violet jouait son rôle à merveille. Elle ponctua sa remarque d'une jolie révérence.

— Cousine Violet, répéta George à voix basse. Enchanté, mon enfant.

Il la salua d'un petit coup de tête.

Ensemble, nous rejoignîmes le salon. Aux odeurs qui émanaient de la cuisine je devinais qu'un rôti cuisait au four. Je savourais la simplicité et la familiarité de mon retour ici. Luke et Oliver, par terre, étaient absorbés par une partie de dominos ; Emma berçait une poupée dans ses bras et Gertrude brodait un motif de fleurs ravissant.

Rien n'avait changé pendant mon absence alors que, pour moi, c'était tout l'inverse.

— Et Londres ? m'interrogea George d'une voix tonitruante avant d'aller remplir deux verres d'un liquide ambré posé sur le chariot du bar dans un coin.

— Bien. Bruyant.

— J'imagine. Où avez-vous logé ? Chez vos parents, les...

— Burns, intervint vivement Violet. C'est mon nom de famille.

Je la couvai d'un regard inquiet. Ses pupilles étaient-elles trop brillantes, son visage trop blême ? Impossible à dire.

— Stefan ne vous a pas causé trop d'ennuis, n'est-ce pas ? plaisanta George.

Intérieurement, je grimaçai en entendant la question. Il ne se doutait pas que je semais le trouble partout où je passais.

— Non. Il s'est montré charmant, répondit finement Violet.

Un sourire plein de gentillesse illumina le visage de George.

— Stefan a cet effet sur les gens. Et je suis tellement content que vous ayez de la famille dans la région. Un homme n'est pas fait pour cheminer seul dans la vie. (Il me considéra un instant et leva son verre.) À la famille !

Il inclina son verre vers moi.

— À la famille, répétai-je à mi-voix avant de boire une gorgée de ma boisson.

Un ange passa dans le salon. À mon grand soulagement, Mme Duckworth fit à ce moment irruption dans la pièce pour annoncer que le rôti était prêt.

Violet s'humecta une fois de plus les lèvres puis, debout, lissa ses jupes. Elle ne contrôlait pas ce tic et j'éprouvais une peine sincère pour elle. Je savais qu'elle vivait à cet instant ses premiers besoins impérieux de se nourrir pour apaiser cette faim cruelle qu'aucun repas de mortel ne pourrait apaiser.

— Violet très chère, asseyez-vous ici. (Gertrude lui indiqua un siège près du sien autour d'une longue table en bois de cerisier.) Vous m'avez l'air affamée. Cela ne m'étonne pas ! Je suis certaine que la nourriture qu'ils servent dans ces trains est épouvantable !

— Je vous prie de m'excuser, dit Violet d'une voix distante. Je ne me sens pas très bien.

— Justement, mangez quelque chose et ensuite, si vous devez aller vous allonger, ne vous gênez pas pour nous. Un bon repas et l'air de la campagne vous requinqueront en moins de temps qu'il ne faut pour le dire, déclara Gertrude sur son ton maternel habituel.

Nous prîmes place autour de la table et j'observai Mme Duckworth découper le rôti. Un filet de sang coulait au centre à chaque nouvelle tranche et Violet, invariablement, se penchait vers l'avant, ses yeux bleus scintillant.

— Voilà, ma petite, dit la femme en servant deux tranches dans son assiette.

Sans attendre que le reste de la famille soit servi ni prendre les pommes de terre, haricots et petits pains disposés dans de grands plats sur la table, Violet attaqua son repas. C'est tout juste si elle utilisa des couverts pour enfourner la viande dans sa bouche.

— Vous deviez avoir faim en effet, commenta la maîtresse de maison d'une voix flûtée alors qu'elle se levait pour aller chercher la tranche de rôti de Luke.

Le garçonnet, sous l'influence probable de Violet, délaissait son couteau en faveur de sa fourchette pour piquer sa tranche de viande.

— Je ne sais pas ce qui m'a pris, s'excusa la jeune femme en tapotant ses lèvres de sa serviette sans quitter des yeux le rôti.

Un silence pesant s'installa dans la pièce.

— Un effet de l'air vif de la campagne, supposa Gertrude, avec une pointe d'agacement.

Je devinais que les Abbott sentaient que quelque chose ne tournait pas rond, mais sans pour autant pouvoir l'identifier avec précision. Je voulais tellement qu'ils aiment Violet et qu'elle puisse ainsi bénéficier de la même paix dont je jouissais dans ce havre. Seulement, celle-ci ne pouvait rien changer à sa faim et à sa confusion. Avec ou sans Damon, peut-être aurait-il mieux valu qu'elle meure entourée des lumières des chapiteaux de l'ouest de Londres.

— Vous avez toujours vécu à Londres, très chère ? s'intéressa Gertrude.

Visiblement, elle avait choisi de laisser à Violet le bénéfice du doute.

— Je suis originaire d'Irlande, raconta Violet, la bouche pleine, sous les regards fascinés de Luke et Oliver.

— L'Irlande. (George se racla la gorge.) Je croyais que votre famille venait d'Italie, Stefan.

— Du côté de mon père, oui, mais il y a du sang irlandais dans la famille de ma mère.

Si Damon était capable de se faire passer pour un comte ou un duc, je devais pouvoir m'inventer des parents irlandais.

— Ah. (L'homme coupa sa tranche de rôti.) Quoi qu'il en soit, nous sommes ravis de vous avoir parmi nous, Violet. Vous êtes ici chez vous.

— Vous êtes trop gentil, murmura-t-elle.

Elle dardait des regards affamés aux quatre coins de la table, cherchant désespérément quelque chose pour assouvir sa faim, mais en vain.

Emma tira soudain sur la manche de sa robe avec timidité. Violet baissa les yeux sur elle et son expression de méfiance laissa place à un grand sourire.

— Bonjour, petite, l'accueillit Violet avec tendresse.

— Bonjour.

Emma, après avoir mis son pouce en bouche, détourna aussitôt la tête.

— Emma, tu pourrais te présenter mieux que cela à Mlle Violet, non ?

Je surveillais l'intéressée avec nervosité, n'ayant pas oublié l'étrange façon dont Oliver l'avait fixée plus tôt. Les enfants voyaient-ils chez Violet un détail qui échappait à leurs parents ?

— Je m'appelle Emma, dit-elle sur un ton solennel avant de remettre son pouce en bouche.

Violet, souriante, sembla soudain avoir recouvré une partie de son énergie.

— Bonjour, Emma. Moi, c'est Violet. Tu es très jolie. Quand je t'ai vue pour la première fois tout à l'heure, tu sais ce que j'ai pensé ?

— Non, répondit la fillette en secouant la tête.

— Je me suis dit que tu devais être la princesse des fées. Je ne voyais pas comment tu pouvais être humaine. Tu es bien trop belle. Es-tu une princesse ?

Sans rien répondre, Emma grimpa sur les genoux de Violet où celle-ci la fit sauter.

— Je pense que vous avez trouvé une nouvelle amie, commenta Gertrude visiblement charmée par l'adoration d'Emma envers Violet.

— Je crois aussi et j'en suis ravie. J'ai une sœur de son âge environ. Elle s'appelle Clare. Elle me manque beaucoup. Et puis j'ai ma sœur Cora à Londres.

Le regard de Violet se perdit dans le vide.

— Cela doit être difficile d'être si loin. Qu'est-ce qui vous a amenée à Londres ? voulut savoir George.

L'affection d'Emma avait fait fondre la glace, et les Abbott se comportaient à présent comme si Violet n'était qu'un membre de plus de leur progéniture, légèrement plus âgé.

— Eh bien, j'avais l'ambition de devenir comédienne, avoua-t-elle.

— Il n'est pas trop tard. Quel âge avez-vous ? Dix-sept ans ? demanda Gertrude en s'essuyant le coin des lèvres dans sa serviette en lin blanche.

Violet confirma d'un hochement de tête.

— Oui, je suppose que c'est encore possible, reconnut-elle avec un soupir.

Tout au long de la conversation, elle avait mangé voracement, presque trop vite pour que Mme Duckworth ait le temps de la resservir. Les garçons l'observaient, fascinés par son appétit. Tous deux faisaient parfois la course à table, mais la gouvernante, chaque fois, les rabrouait, leur assénant un coup sec sur les jointures.

— Stefan, votre famille est aussi charmante que je l'imaginais, et, comme mon mari le répète toujours, la famille, c'est ce qu'il y a de plus important dans la vie, rappela Gertrude, les pupilles pétillantes.

— Je suis tout à fait d'accord, approuvai-je d'une voix pâteuse.

Violet reposa finalement sa fourchette et, coudes sur la table, s'avachit. Les yeux vitreux, elle arborait également une teinte fantomatique.

— Vous vous sentez mal ?

Gertrude se leva et Mme Duckworth se précipita pour l'assister auprès de Violet.

— Elle va bien. La journée a été longue, c'est tout. Nous avons quitté Londres à l'aube, m'évertuai-je à justifier.

Sans pouvoir m'empêcher de songer : est-ce le début de la fin ?

— Je comprends parfaitement. Je peux faire préparer la chambre d'amis si...

Violet se redressa puis inspira profondément à plusieurs reprises. Sentant tous les regards tournés vers elle, elle lissa ses cheveux auburn et se tint le dos droit. Sur son visage était plaquée une grimace. Je n'osais imaginer la douleur insoutenable qu'elle devait ressentir.

— Je vous demande pardon. Ça va, merci, annonça-t-elle d'une voix forte mais calme.

Je posai ma serviette près de mon assiette et me levai à mon tour de table pour l'aider. Il fallait qu'elle soit seule. Le plus tôt serait le mieux.

— Si nous allions prendre l'air. Vous l'avez dit vous-même : l'air de la campagne est vivifiant ici.

Je tirai la chaise de Violet vers l'arrière et lui présentai mon bras. Elle était sur le point de mourir. Je ne pouvais pas laisser une telle chose se produire dans le manoir. J'inventerais une histoire à raconter aux Abbott plus tard – qu'elle avait décidé de rentrer consulter son médecin à Londres et qu'elle leur remettait ses amitiés, par exemple. Après vingt années de mensonges, j'avais appris à parer à toutes les éventualités.

Oliver, impatient, remua en bout de table.

— On peut aller chasser ? S'il vous plaît ? Je me suis entraîné toute la journée. Vous m'avez promis ! Violet n'a qu'à venir avec nous !

— Oliver ! le rouspéta sa mère. Stefan reçoit sa cousine.

— Une autre fois, Oliver. (Je lui tapotai affectueusement le haut du crâne.) Entraîne-toi à viser et tu me montreras tout cela lors de notre partie de chasse.

Violet esquissa un sourire las et j'éprouvai une nouvelle vague de regrets. Indirectement ou non, c'est moi qui l'avais menée à Damon. À cause de moi, elle n'aurait jamais de famille.

— Merci beaucoup pour ce délicieux repas, remerciai-je nos hôtes.

Là-dessus, Violet à mon bras, nous prîmes congé.

L'air, en cette fin d'après-midi, s'était rafraîchi. L'automne était proche. Plus je vieillissais, plus je trouvais que les saisons passaient vite. Parfois, j'avais l'impression qu'à peine une saison avait-elle commencé que déjà la suivante démarrait. Lorsque j'étais humain, c'était l'inverse : les étés semblaient s'éterniser. Cela faisait partie de toute cette infinité de choses que j'avais perdues et dont Violet, au moins, serait épargnée.

— Je ne sais pas ce qui m'a pris à table, confia-t-elle, appuyée contre moi sur le chemin jonché de cailloux qui traversait la vallée.

Je pensais que ce serait une bonne idée si nous allions à Ivinghoe Beacon. C'était le point le plus haut de toute la paroisse ; il dépassait même la roue hydraulique qui tournait dans la Chiltern River pour alimenter les mines en dessous.

Nous marchâmes comme deux amis par la vallée encaissée, plus verte que jamais. Les moineaux gazouillaient, les tamias et les écureuils faisaient bruire les arbustes, et je percevais jusqu'au flot du ruisseau qui se pressait en direction de Bilbury Creek.

Violet s'arrêta brusquement.

— Ça va ? me risquai-je à demander.

Une terrible question à poser. Et dont la réponse ne pouvait être que négative dans le cas de Violet.

Elle secoua la tête.

— Tout va me manquer.

Elle écarta ses mains pour englober la vue. Ses épaules se soulevèrent avant de retomber. Elle haleta brièvement mais ne pleura pas.

Je lui pris la main. Les mots me manquaient. Nous continuâmes donc notre ascension de la colline jusqu'à ce que le sol devienne rocailleux, les pierres plus grosses et l'air plus rare. Nous nous enfonçâmes dans une forêt de conifères, et le moment que j'attendais survint enfin : les arbres se dissipèrent pour ne laisser que du ciel bleu, avec une carte postale de l'Angleterre en contrebas. C'était l'un de mes endroits préférés au monde, juste après l'extrémité du domaine où j'avais grandi, là où l'étang rejoignait la forêt.

— Merci de m'avoir amenée ici. (Violet posa une main sur son cœur.) Oh, Stefan ! s'écria-t-elle, au supplice.

— Chhh, dis-je en l'attirant contre moi.

J'ignorais par quel autre moyen la réconforter. Autour de nous, les oiseaux continuaient à pépier, et sa robe froufroutait dans la brise du soir, même si, en réalité, Violet s'affaiblissait de minute en minute.

— Chhh...

Elle enfouit son visage dans ses mains et contre ma poitrine. Je la serrai tandis qu'elle sanglotait, chacun de ses sursauts me pinçant le cœur. Pour finir, elle rouvrit ses paumes et, la tête levée, me considéra avec un regard si perçant que je reculai.

— Pourquoi moi ? m'interrogea-t-elle en me sondant des yeux.

— C'est ma faute. Si vous ne m'aviez pas rencontré, tout ceci ne serait jamais arrivé.

— À l'heure qu'il est, je pourrais tout aussi bien être morte dans un fossé de la capitale. Vous avez été un véritable ami pour moi. Vous m'avez fait découvrir le monde. Si je dois mourir, j'emporterai au moins avec moi ces jours de magie.

— Merci. (Je songeai à nouveau à notre rencontre. Jamais je ne me serais pardonné de l'avoir abandonnée lorsque Alfred lui avait hurlé dessus au pub.) C'est très gentil de votre part. Mais vous savez, Violet, ce que j'ai fait, n'importe qui, à ma place, l'aurait fait.

— Je n'en crois rien. (Elle secoua la tête.) Vous êtes un véritable ami.

— Vous aussi. Je ne vous oublierai jamais.

Un sourire naquit fébrilement aux coins de ses lèvres.

— Jamais ? Même pas dans deux cents ans ?

— Jamais. (Je n'en doutais pas un seul instant. Je chérirais mes bons moments avec Violet et entretiendrais le souvenir de son courage, à l'aune de sa propre mort.) Vous êtes unique et jamais, au grand jamais, je ne pourrai vous oublier.

La gratitude emplit les yeux de la jeune femme.

— Merci, dit-elle du bout des lèvres. Je peux vous demander une faveur ?

J'acquiesçai en silence. Je savais que, si j'ouvrais la bouche, ma voix déraillerait, et la dernière chose que je souhaitais, c'était pleurer face à Violet. Je refusais qu'elle se rende compte à quel point j'étais terrifié.

— Vous voudriez bien... m'embrasser ? On ne m'a jamais vraiment embrassée et je ne veux pas mourir sans un vrai baiser. S'il vous plaît ?

Une fois de plus, mon cœur se brisa un peu plus. Il lui restait tant à vivre. Je hochai la tête, saisis sa main fine et délicate pour l'approcher de moi et me penchai vers elle, mes lèvres se posant sur les siennes, aussi douces que pures.

Violet se dégagea en premier et me considéra furtivement avec timidité.

— Merci. C'était parfait.

— Ne me remerciez pas, marmonnai-je.

À cet instant, je ressentis un sentiment proche de la paix tel que je n'en avais pas éprouvé depuis des années.

Je levai les yeux au ciel pour ne pas devoir croiser son regard. Les nuages cheminaient parallèlement à la rivière en dessous. Plus qu'une question de temps avant que les portes du Paradis ne s'ouvrent.

Je pressai Violet vers le fond de la vallée sans me retourner. La pluie arrivait et la buée recouvrirait bientôt tout. J'aimais beaucoup les ondées orageuses et la capacité qu'elles avaient de tout laver en dégageant un parfum de propreté et de pureté. J'aurais simplement voulu que la pluie lave également mes péchés.

16.

Quand j'étais petit, nous avions commencé à nous embrasser pour nous amuser lorsque jouer au loup avait paru trop puéril. C'était une distraction comme une autre, le moyen que nos cœurs s'emballent pour briser la routine monotone. J'avais ainsi embrassé Clementine Haverford, Amelia Hawke, Rosalyn Cartwright et toutes mes autres camarades de jeux. C'était toujours agréable mais jamais extraordinaire.

Jusqu'au jour où j'embrassai Katherine Pierce. Alors plus rien ne fut comme avant. Ces baisers reléguaient ceux d'avant à un faux-semblant d'extase. Lorsque son parfum de citron et gingembre m'enveloppait, j'étais guidé par mon seul instinct ; j'aurais tout donné pour un de ses baisers.

Sans compter, bien sûr, que ce désir insatiable avait changé ma vie du tout au tout. Katherine ressemblait à

Hélène de Troie, creusant un sillon ravageur sur son passage. Et pourtant, je savais que si je sentais un jour la mort approcher, je fermerais les yeux et imaginerais la caresse des lèvres de Katherine sur les miennes.

Violet réclamait quelque chose que je ne pouvais lui donner. Elle voulait de l'amour quand je n'avais que de l'affection à lui témoigner. Mais peut-être cela valait-il mieux que le désir. Le désir, après tout, étant précisément ce qui m'avait tué.

À cette époque de l'année, de gros nuages chargés de pluie flottaient souvent bas dans le ciel d'Ivinghoe, plongeant la propriété dans un brouillard lugubre, crépusculaire à n'importe quelle heure du jour. Cette journée n'échappait pas à la règle. La belle matinée avait cédé sa place à un après-midi pesant, promis à la pluie. Dans la pénombre de ma chaumière, j'observais Violet qui déclinait à vue d'œil. Dans ce huis clos, nous tenions les deux seuls rôles, hormis celui de la Mort, un tiers puissant dans ma veillée auprès de la jeune femme.

— Stefan, s'il vous plaît !

Violet émergea de son sommeil en tournant puis se retournant. Je m'empressai de mouiller une compresse d'eau froide pour l'appliquer sur son front. Mes genoux fourmillaient ; j'avais dû rester assis là, dans la même position depuis des heures, seulement je ne voulais en aucun cas quitter le chevet de Violet. Je n'aurais pu dire avec certitude si ses cris étaient dus à un cauchemar à cause de la fièvre ou bien le signe qu'elle repénétrait une sphère de semi-conscience.

Elle rouvrit les paupières sur des yeux laiteux, des plis aux coins de chacun d'eux tandis qu'elle s'efforçait de me regarder.

— Je vous en prie, Stefan ! Tuez-moi. Que tout cela se termine, me supplia-t-elle dans un râle.

Sa voix me faisait penser au bruit d'une scie métallique coupant du métal. De l'écume blanche s'était accumulée de chaque côté de sa bouche et ses bras étaient couverts d'éraflures qu'elle s'était infligées en se griffant pendant son sommeil, comme si elle avait voulu s'échapper de son propre corps. Je l'en avais empêchée du mieux que je pouvais mais elle avait malgré tout l'air d'avoir traversé un buisson de ronces. À présent, elle n'avait plus l'énergie de remuer, se contentant de battre des paupières en respirant avec peine.

Je refusais avec morosité. Que n'aurais-je pas donné pour mettre un terme à son agonie et lui apporter la paix. Mais en dépit de ses supplications incessantes, je ne parvenais pas à m'y résoudre. Je m'étais promis que jamais je ne tuerais un autre être humain. Cela pouvait paraître égoïste, soit, mais je me limitais à la soulager autant que faire se pouvait pendant les derniers moments qu'il lui restait à vivre.

— Je vous en supplie ! s'écria-t-elle dans un demi-cri.

Une chouette hulula au loin. La nuit, les créatures qui peuplaient la forêt sortaient de leurs cachettes. L'odeur de leur sang parvenait jusqu'à moi et j'entendais leur cœur battre. Même si Violet ne percevait pas leurs bruits aussi nettement que moi, je savais qu'elle sentait leur présence elle aussi.

— Bientôt, vous serez dans un meilleur endroit, promis-je en tentant de me persuader que je disais la vérité. En paix. Et ce sera mieux qu'ici ou qu'à Londres. Mieux qu'en Irlande même. Cela surpassera tout ce que vous ou moi pouvons imaginer.

— Stefan, j'ai mal.

Elle se jeta contre le cadre de lit puis lança les draps et les couvertures par terre. Elle rouvrit alors les yeux.

— Chhh...

J'essayai de lui prendre le bras ; elle s'écarta vivement, passa les jambes par-dessus le lit et se rua vers la porte en enjambant l'enchevêtrement de couvertures.

— Violet !

Je me levai dans un bond, ma chaise tombant au sol avec fracas. À la hâte, Violet ouvrit le loquet et s'élança dehors. La porte claqua derrière elle.

Je me précipitai à sa suite, balayant les environs du regard, mes sens s'habituant peu à peu à l'obscurité. Il faisait nuit noire. Et les arbres qui entouraient ma chaumière, d'habitude si accueillants, semblaient me défier à présent : Violet pouvait être n'importe où.

Je humai l'air, subitement saturé d'un parfum de sang, et me dirigeai à vive allure vers l'endroit d'où l'odeur paraissait provenir.

— Violet ! hurlai-je dans la nuit.

Les Abbott risquaient de m'entendre mais je m'en moquais. Il fallait que je la retrouve. J'enjambai dans un saut le grillage du poulailler.

Et je trouvai à terre, agenouillée, sa robe, son visage et ses mains éclaboussés de sang, Violet. Sur ses genoux, une poule morte gisait, le cou rompu, du sang suintant de l'entaille. Les dents encore inchangées de la jeune fille et son visage ensanglantés luisaient au clair de lune.

Elle se pencha soudain, parcourue de haut-le-cœur, son corps mouillé de sueur. Était-elle en train de mourir ou de revivre ?

— Je suis tellement désolée ! s'excusa-t-elle, le visage ruisselant de larmes. Je ne voulais pas.

Ce sentiment de culpabilité, je le connaissais trop bien. Sans mot dire, je la tirai par la main pour l'aider à se relever et la raccompagner à mon logis. À l'intérieur, je fermai la porte et lui fis face, assise au bord du lit, l'air misérable, les cheveux et le corsage de sa robe maculés de sang.

— Vous êtes fâché contre moi ?

En silence, je répondis que non. Je la soutins pour qu'elle s'allonge, puis la bordai sous les draps rêches de lin blanc avant d'ouvrir la fenêtre dans l'espoir que l'air frais la soulagerait un peu.

— J'avais si faim, avoua-t-elle d'une voix ténue. Encore maintenant.

— Je sais.

Le sang de poule n'y changerait rien. Pour accomplir sa transformation, un vampire avait besoin de sang humain.

— Je sais à quel point c'est dur. Je mesure tout à fait votre souffrance.

Elle hocha la tête, une goutte de sang au coin de la bouche.

— Mais n'oubliez pas que c'est pour aller vers un mieux. J'en suis persuadé. Je sais que, passé cette souffrance, vous trouverez la paix.

J'imagine que je voulais y croire moi aussi. Après tout, j'étais à l'origine de toute cette situation. Dans mon esprit se rejouait en boucle une lutte acharnée. La partie logique de mon cerveau m'assurait que tout ceci serait arrivé avec ou sans mon intervention. Finalement, si Violet et moi ne nous étions pas rencontrés, elle aurait pu finir à la rue et tomber sur n'importe qui, le premier individu mal intentionné.

Peut-être était-elle partie pour mener une longue vie heureuse.

— Stefan, je... commença-t-elle d'une voix saccadée.

— Entendu. Allez trouver la paix.

C'était l'au revoir que je n'avais jamais pu faire à Callie. À présent, je savais qu'il fallait que je prévienne Violet qu'elle pouvait s'en aller.

— Mais... je... s'efforça-t-elle d'articuler.

J'approchai mon oreille de sa bouche quand, tout à coup, j'entendis un redoutable cri déchirer l'air.

Ce n'était pas Violet. Cela venait du manoir.

Je quittai la jeune fille pour me précipiter vers la maison, craignant le pire.

17.

La demeure baignait dans l'obscurité totale et je ne trouvai personne, pas même Mme Duckworth, qui, souvent, veillait tard, tricotant à la lueur d'une bougie. Même la lanterne sur le porche était éteinte. Un poids terrible me troua l'estomac.

— Il y a quelqu'un ? appelai-je d'une voix tremblante. Qui est là ? (Je regrettai d'avoir oublié mon arme chez moi.) Montrez-vous ! criai-je à pleins poumons, l'écho de mon cri renvoyé par les murs de pierres de l'entrée.

Silence. Damon avait dû nous trouver.

Alors, je perçus un cri étouffé, si ténu que je crus l'avoir imaginé. La tête penchée, je tendis l'oreille.

— J'arrive ! m'écriai-je.

Le bruit, quel qu'il ait été, était un signe de vie. Je traversai en courant les pièces du rez-de-chaussée pour pénétrer dans le salon.

Sur place, toute la famille Abbott était blottie dans un coin, Luke aussi blanc qu'un linge, George serrant un tisonnier en main, les yeux écarquillés. Gertrude, qui s'était évanouie, gisait au sol pendant qu'Emma, dont j'avais entendu le gémissement sourd, sanglotait contre elle. Mais au moins, ils étaient vivants.

— Je suis là. C'est Stefan. Vous ne craignez plus rien.

Mon cœur, pourtant, battait le rythme effréné de ma terreur. Mon frère pouvait se cacher n'importe où. Quelque part dans mon dos, il devait d'ailleurs se rire de ma frayeur. Il avait manigancé cette scène dans le seul but de m'effrayer, pour me montrer qu'il ne craignait nullement Klaus, parce que Klaus, c'était lui désormais : il pouvait commettre des actes atroces de pur sang-froid.

— Stefan ? dit George avec incrédulité, la voix étranglée par la peur.

— Oui, je vous promets qu'il ne vous arrivera rien.

Je scrutai avec méfiance la pièce où les nombreux portraits semblaient me toiser méchamment. Dès que j'eus le dos tourné, George bondit sur ses pieds pour se jeter vers moi, armé de son tisonnier, le visage rouge, déformé par une expression de folie.

— Traître ! Vous avez volé mon fils.

George faisait tournoyer son arme d'acier à la manière d'une épée. J'esquivai sans peine, l'effroi s'emparant de moi alors que j'observais la famille. Où était Oliver ?

— Monsieur ! Non ! J'étais dans ma chaumière. C'était mon frère, Damon. Où est-il ? Vous savez par où il est parti ? l'interrogeai-je, désespéré, tout en continuant d'éviter ses coups.

Je sentis soudain un poids sauter sur moi par-derrière. En pivotant, je me rendis compte que c'était Luke : il avait grimpé sur mon dos puis mes épaules et me donnait des coups de pied dans la poitrine à hauteur des poumons.

— Rendez-moi mon frère ! hurla-t-il, rouant à présent mon dos de coups de poing.

Je tentai de l'arrêter. Emma pleurait maintenant à chaudes larmes.

— Traître ! Vous méritez de mourir ! vociféra George en se ruant sur moi.

— Ce n'était pas moi ! rétorquai-je en vain.

Je fis tomber Luke de mon dos et profitai du moment d'inattention de son père pour me ruer hors de la maison, comptant sur mes pouvoirs de vampire pour me garantir une longueur d'avance. Néanmoins, je savais mon temps compté. George irait chercher de l'aide auprès d'un voisin et bientôt une foule de poursuivants serait à mes trousses.

L'heure, toutefois, n'était pas à ce genre d'inquiétudes. Oliver avait été kidnappé et un vampire rôdait. On m'avait piégé, à l'instar de la fois où Martha avait été retrouvée dans la ruelle derrière le Ten Bells. Une peur panique s'empara de moi alors que je rapprochais les deux événements. Oliver avait été capturé pour une raison particulière et pendant ce temps j'avais laissé Violet sans surveillance, vulnérable. Il allait s'en prendre à elle et la forcer à accepter ce qu'elle avait si ardemment refusé. Oliver servirait d'agneau sacrificiel. Je n'étais qu'un pion dans le jeu de mon frère, dont l'enjeu, cette fois, était clairement le sang.

— Damon ! hurlai-je dans la nuit. (J'inspirai profondément, pris soudain d'une nausée terrible alors que je sentais l'odeur ferreuse caractéristique m'envelopper, écrasante.) Damon !

Je regagnai ma chaumière quasiment sans toucher le sol et ouvris la porte à toute volée.

Je me figeai net, horrifié par la scène devant moi.

Par terre, au centre de la pièce, Violet, penchée au-dessus d'Oliver, aspirait goulument le sang d'une plaie ouverte sur son cou. Le liquide se répandait sur le sol dans une mare foncée.

— Oliver ! m'égosillai-je vainement.

Violet se tourna, ses crocs tout juste apparus étincelant sous des gouttes de sang. Le visage inexpressif, elle s'inclina à nouveau vers l'avant, la tête enfouie dans le cou du garçon.

— Non !

Je bondis sur eux et tentai de dégager Oliver. Son corps était flasque et je ne percevais aucun battement cardiaque. Mais il n'avait pas encore été vidé de tout son sang. Non. Violet me l'arracha des mains pour le porter à ses lèvres.

Au même moment, j'entendis la porte se refermer dans un clic. Je fis volte-face, prêt à combattre mon frère.

Sauf qu'il ne s'agissait pas de Damon. Dans l'encadrement de la porte, je découvris Samuel, une chevelure blonde semblable à la crinière d'un lion encadrant son visage, sa chemise blanche et son pantalon brun clair impeccablement repassés. Je clignai des yeux, incrédule. Samuel était donc lui aussi un fantassin au service de mon frère. J'aurais dû m'en douter. Ma haine à l'égard de Damon s'endurcit encore.

— Où est-il ? grondai-je, les poings serrés.

Samuel me le paierait mais, d'abord, je voulais qu'il me conduise à Damon.

— Alors, c'est ici votre résidence secondaire, Stefan ?

Le vampire dénoua son nœud papillon pour le poser sur le dossier d'un siège avec la décontraction de quelqu'un qui rend visite à un ami. Il s'assit ensuite sur la chaise.

— Où est Damon ? répétai-je.

— Je ne sais pas, répondit-il en haussant les épaules et, croisant les jambes, le dos bien appuyé contre le dossier. Et cela m'est complètement égal. Si je suis venu, c'est pour vous voir. À Londres, nous avons eu si peu de temps : j'ai l'impression que vous me connaissez à peine.

— Vous n'êtes pas ici pour Damon ?

— Votre frère ? (Il posa les yeux sur la dépouille d'Oliver, vidé complètement de son sang à présent, et s'humecta les lèvres.) Nullement. Je le répète, je n'ai aucune idée d'où il est. Et m'en moque éperdument. Ce qui compte, c'est où les gens *pensent* que Damon se trouve.

Il sourit à cette remarque.

— Que voulez-vous dire ?

Ma tête me tournait. Je n'arrivais pas à détacher les yeux de la pierre autour de son cou et plus je la fixais, plus elle m'ensorcelait.

— Je veux dire que Damon... oh, désolé, le comte DeSangue aura bientôt un nouveau sobriquet. J'espère que celui de Jack l'Éventreur lui plaira.

Samuel se leva et s'approcha d'un pas menaçant de Violet, toujours accroupie au-dessus d'Oliver. Elle semblait peu certaine de la démarche à suivre : continuer à boire ou non. En observant Samuel, debout près d'eux, je me demandai, l'espace d'une seconde, s'il allait rompre le cou de Violet à son tour pour le simple plaisir de nous faire une démonstration de force. Il n'en fit rien mais plaça simplement sa main sur le haut du crâne de la jeune femme.

— Je suis d'avis que vous pourriez m'être utile, réfléchit-il à voix haute. Oui, je pense que vous avez ce qu'il faut. La faim, sans aucun doute, dit-il à Violet, qui se remit à boire, comme possédée.

Il se tourna alors vers moi.

— Où est Damon ? (Ma voix tremblait.) Est-il... ?

— Mort ? (Samuel laissa échapper un rire sonore proche d'un aboiement.) Quel plaisir y aurait-il à cela ? Je peux vous assurer qu'il n'est pas mort. J'ai d'autres projets pour lui. Maintenant que je sais à quel point il aime être sous les feux de la rampe, j'ai trouvé le moyen qu'il fasse la une des journaux londoniens. Il est sur le point de devenir le tueur le plus célèbre que Londres ait jamais connu. Son portrait est en train d'être dressé en ce moment même. Et ce n'est que le début. Je pense qu'il appréciera, qu'en dites-vous ?

— L'Éventreur, c'est vous, conclus-je alors que toutes les pièces du puzzle se mettaient en place.

Samuel avait assassiné Mary Ann, attaqué Martha, et il comptait faire porter la responsabilité de ses crimes à Damon. Samuel était donc l'auteur du message au parc.

Je reculai, mon dos heurtant violemment le mur. J'étais piégé.

— J'ai l'intention de détruire Damon, mais la mort serait bien trop douce pour lui, menaça-t-il d'une voix sifflante. (Il s'avança vers moi, posant une main sur chacune de mes épaules.) D'abord, je dois me venger. Je le forcerai à quitter la société londonienne si chère à son cœur et je salirai l'image à laquelle il tient tant. Tel est mon plan et je compte bien le mener à terme, expliqua Samuel, son visage à quelques centimètres du mien. Lorsque vous êtes apparu, je n'ai pas eu le temps nécessaire pour réfléchir à votre sort. Mais aujourd'hui, je dois reconnaître que je suis assez satisfait de l'idée que j'ai eue. J'ai anéanti la famille à laquelle vous étiez si attaché en vous faisant accuser. J'ai réussi à finir la fille... Je crois m'en être plutôt bien tiré, termina-t-il avec un sourire.

— Pourquoi ? Qu'avons-nous fait pour que vous nous infligiez cela ?

J'avais choisi de ne pas riposter pour l'apaiser. Dans mon cerveau, les pensées fusaient. J'entendais les cris, au loin ; bientôt, une horde de fermiers enragés encerclerait mon logis.

— Vous en avez fait assez, mais je ne suis pas franchement d'humeur à vous donner une leçon d'histoire. En parlant de frère, par contre, je sais que vous avez blessé le mien. Et je crois que c'est une raison suffisante pour que nous ne puissions devenir amis, n'est-ce pas ?

Sa grimace souriante n'était autre qu'une promesse de danger. Il s'apprêtait à passer à l'action, je le savais. Paupières closes, je rassemblai mes forces et le heurtai de plein fouet, le prenant au dépourvu.

Cependant, il riposta, plus vite que l'éclair, et me renversa, m'immobilisant au sol de tout son poids. Je sentais son haleine, chargée de sang humain.

Je parvins à me libérer et reculai en chancelant. Samuel semblait être nulle part et partout à la fois. Brusquement, une odeur de brûlé assaillit mes narines. Nous avions renversé une table pendant notre échauffourée, et une bougie, couchée, avait enflammé les murs de lambris. Les flammes dansaient sur le visage anguleux de Samuel. Nos regards se croisèrent un bref instant. Il sourit puis bondit sur moi pour me bousculer en direction de l'âtre de la cheminée. Je tombai à genoux ; il s'empara d'un tisonnier qu'il mania tel un pieu.

— Sortez de là, ordonna-t-il à Violet.

Elle abandonna le corps sans vie d'Oliver pour courir jusqu'à la porte.

— Votre sursis a bien trop duré.

Il attrapa une chaise et la brisa sur son genou avec une facilité effarante. On aurait dit qu'il cassait une branche en deux. Debout au-dessus de moi, un pied de chaque côté de ma taille, un morceau de chaise en main, il se tenait prêt à m'empaler.

Mais au lieu de planter l'arme dans ma poitrine, il me considéra avec dégoût et me cracha au visage.

— Vous ne valez pas la peine. Un pieu serait trop facile, marmonna-t-il comme s'il se parlait à lui-même. Je veux que vous souffriez. C'est ce que vous méritez.

Je fermai les yeux, n'ayant aucun désir de me battre. Au lieu de cela, je me concentrai pour faire apparaître le visage de Callie. La gentille mais fougueuse Callie avec sa chevelure auburn, ses taches de rousseur et ses yeux malicieux. C'était la dernière fois que je la voyais, même en rêve. Elle devait être au paradis tandis que bientôt je rejoindrais l'Enfer.

La douleur irradia en moi, aussitôt après l'attaque de Samuel. Le pieu avait percé ma poitrine mais épargné mon cœur. La douleur s'était propagée jusqu'à mes mains, mes pieds, mon crâne.

— Bon séjour en Enfer, lança le vampire en s'esclaffant.

Alors il disparut par la porte, me laissant dans la chaumière en flammes – un avant-goût de mon futur repos éternel.

18.

Lorsque la mort est inévitable, le temps s'accélère et ralentit à la fois. Cela s'était produit la première fois que j'étais mort, lorsque j'avais senti une balle me transpercer, et cela recommençait désormais. Je sentais la chaleur des flammes qui couraient tout autour de la chaumière ; la douleur lancinante dans mon ventre ; l'étau qui se refermait sur moi tandis que je ne parvenais pas à bouger le pieu de plus de quelques centimètres de chaque côté de la plaie ; mais aussi des regrets, de la colère, du chagrin et une sorte de soulagement. Ma vie défilait réellement sous mes yeux.

Disons plutôt mes vies.

Je n'avais pas accompli grand-chose, que ce soit en tant qu'humain ou en tant que vampire. Hormis la mort, semée partout sur mon passage. Et j'avais beau me croire meilleur que Damon, l'étais-je vraiment, en réalité ? Parce que en fin de compte nous étions tous les deux des vampires. Et les vies détruites à notre actif s'équilibraient. Et j'étais si las. Si fatigué de lutter quand rien ne semblait fonctionner. J'en avais assez de faire du mal et d'avoir toujours le rôle de la marionnette dans les jeux de mon frère. Nous n'étions plus des enfants et nous avions joué à des jeux dangereux depuis bien trop longtemps. Ma mort, enfin, mettrait peut-être un terme à notre guerre. Si tel était le cas, alors je l'accueillerais à bras ouverts. J'étais prêt à être consumé dans une éternité de flammes. Ce serait plus paisible que la vie que j'avais menée jusqu'ici.

Le feu prenait son temps, dansant au bas du mur sur le plancher en lattes avec la grâce d'un dandy à un bal. Je le couvais d'un regard subjugué. Les flammes se déclinaient en dégradés de rouge, bleu et orange ; d'où j'étais, elles me rappelaient les feuilles d'automne éclatantes qui coloreraient bientôt le Manoir Abbott et que jamais plus je ne verrais.

Pitié, ne les tuez pas, songeai-je à propos du reste de la famille Abbott, effrayée, endeuillée et si terriblement trahie. C'était mon habitude de croire qu'on pouvait lire dans mes pensées. Parfois, cela avait fonctionné entre Damon et moi, mais cela n'était dû qu'à notre lien fraternel grâce auquel nous devinions souvent ce que l'autre pensait. Je doutais fortement que Samuel et moi soyons sur une même longueur d'onde qui lui permette de recevoir un tel message de ma part. Non pas que cela ait de l'importance, car, s'il entendait ma prière, elle ne ferait qu'accentuer sa soif de sang.

Je n'avais que faire de ma propre vie ; en revanche, je me sentais coupable vis-à-vis de Violet, partie je ne savais où en compagnie de Samuel. Son existence de vampire ne faisait que commencer ; elle devait être perdue, bouleversée. Elle avait besoin de conseils. Et pas du genre que lui donnerait un tueur sans cœur.

Je tirai sur le pieu dans un espoir vain de le retirer. Mes membres parurent retrouver un semblant de vitalité : je n'étais pas prêt à mourir. Pas avant de sauver Violet du sort auquel elle était désormais confrontée – le même que le mien. Je lui devais bien cela, à elle qui n'avait pas eu le choix. Je m'efforçai à nouveau de sortir le pieu de ma poitrine, les flammes se rapprochant dangereusement de moi. La porte grinça soudain. Je me pliai en deux de douleur, paré à affronter mon destin.

— Il est là !

C'était une voix féminine.

J'ouvris grands les yeux et découvris Cora, la sœur de Violet, sa chevelure rousse ondulant autour de son visage, les yeux bordés de traces noires. Son pendentif balançait à son cou. Il m'hypnotisa un instant. Je refermai les paupières. Une autre victime que je ne pourrais sauver. Si j'étais désespéré à l'idée de tirer Violet des griffes de Damon, j'étais persuadé d'avoir échoué avec Cora, sacrifiée.

— Je suis désolé... murmurai-je.

Mais alors, je sentis ma poitrine devenir plus légère à l'endroit où le pied de chaise avait été enfoncé. Je rouvris les paupières.

— Tu as bien failli y rester, petit frère.

Avant d'avoir le temps de comprendre ce qui se passait, je sentis un liquide chaud couler au fond de ma gorge. La fourrure rousse d'un animal mort qu'on forçait dans ma bouche m'arracha un haut-le-cœur ; c'était la dépouille d'un renard.

— Continue : bois, me commanda Damon, impatient, qui jetait des regards par-dessus son épaule.

Les flammes s'étendaient et grimpaient le long des murs.

— Qu'est-ce que tu fais ici ? demandai-je entre deux gorgées de sang.

— Je te sauve la vie.

Il me hissa sur mes jambes pour me tirer par la porte vers les bois juste au moment où ma chaumière s'écroulait pour former un bûcher géant.

— Après ton départ de la soirée, j'ai compris que Samuel devait être le tueur de Violet : le sang, sous ses ongles, ressortait sur sa coupe à champagne, reprit mon frère. Lorsque je l'ai mis devant le fait accompli, il m'a répondu qu'il avait un plan en action, pour nous deux, et il est parti. Alors disons que j'ai décidé de ne pas te laisser mourir. En tout cas, pas aujourd'hui. Tu me remercieras plus tard.

Damon me déposa brutalement sur le sol froid de la forêt. Au loin, des cloches tintaient, des gens criaient, des chevaux claquaient des fers dans un vacarme retentissant. Cela me rappelait la battue qu'avait organisée mon père en Virginie. Et une fois de plus, mon frère et moi faisions front, côte à côte.

— Il faut filer ! déclarai-je dans un râle. Prends à gauche.

Le temps nous manquait pour les explications mais, si Damon éprouvait un semblant de compassion, j'étais d'avis que nous pouvions échapper à tout. Je connaissais cette forêt mieux que quiconque et, une fois en son cœur, protégés par des arbres si hauts qu'ils masquaient le ciel, même en plein jour, nous serions hors de danger.

Damon prit Cora dans ses bras pour la passer sur son épaule d'une main tout en continuant à me traîner de l'autre. Nous enjambâmes le ruisseau, contournâmes une carrière, en bordure de la propriété des Abbott, et finîmes par rejoindre une vallée, sous la Chiltern River. Des humains mettraient une demi-journée à venir jusqu'ici mais, grâce à notre vitesse de vampire, Cora portée par Damon, nous arrivâmes rapidement à destination. Nous étions en sécurité. En tous les cas pour l'instant.

— Je vais aller chercher Samuel, dit Damon, le visage rougi par l'effort. Il a besoin qu'on lui enseigne les conséquences de ses actes.

— Tu es au courant ? Il t'a fait porter la responsabilité des meurtres de Jack l'Éventreur. En ce moment même, la police est en train d'établir ton portrait. Tu ne peux pas le traquer : c'est trop dangereux.

— Il ne s'en tirera pas aussi facilement, petit frère, répondit-il d'une voix rageuse. Reste ici. Je vais voir si je le trouve.

Je n'avais pas l'énergie de lui tenir tête. J'avais déjà du mal à croire que j'étais en vie. Assis sur un rocher, la tête entre mes mains, j'examinai ma blessure. Elle rétrécissait mais restait douloureuse, son lancinement battant à l'unisson avec ma respiration. Cora rompit finalement le silence.

— Comment vous sentez-vous ?

Elle avait pris place face à moi sur une branche d'arbre tombée en travers du chemin et se rongeait les ongles de nervosité. Je me demandais ce qu'elle savait de la véritable nature de Damon mais je n'avais pas la force de poser des questions. Je m'étendis sur un lit de feuilles tandis qu'elle venait s'asseoir près de moi, me couvant d'un regard perçant. Les battements de son cœur parvenaient jusqu'à moi, réguliers. Je poussai un soupir de soulagement : cela signifiait qu'elle n'avait pas achevé sa transformation. Elle était encore humaine. Je me concentrai sur le rythme, aussi rassurant que les gouttes d'une pluie d'avril.

Je devais lui parler de sa sœur.

— Violet... commençai-je.

— Comment va-t-elle ?

Je secouai la tête.

— Mal.

Le pouls de Cora s'accéléra mais sa respiration resta régulière.

— C'est un vampire ? se risqua-t-elle, les yeux dans les yeux avec moi.

Impossible de mentir.

— Oui. Samuel l'a forcée à achever sa transformation.

Une lueur d'espoir jaillit dans les pupilles de Cora.

— Vraiment ? Donc, elle n'est pas morte. Enfin, pas complètement. Mais alors... où est-elle ?

— Samuel l'a emmenée. Elle n'a pas eu le choix. Elle doit être effrayée.

— C'est certain. (Elle joua avec le petit pendentif de verveine autour de son cou.) Quand nous étions petites, Violet avait besoin de garder une chandelle toute la nuit près d'elle. Elle redoutait que des monstres ne viennent la chercher.

— Bientôt, elle n'aura plus peur du noir.

En tant que vampire, il deviendrait son meilleur ami.

— Vous avez probablement raison, dit Cora, le regard perdu.

Un ange passa.

— Ça va aller ? lançai-je pour finir.

Elle haussa les épaules.

— Dur à dire. J'étais à la soirée : Samuel s'est approché de moi et je me suis mise à hurler. J'ignorais d'où venait le cri. Je ne savais même pas que c'était le mien. Mais Samuel m'a terrifiée. Après, votre frère m'a trouvée et m'a fait parler. Nous avons pris le train ensemble. Je priais pour que Violet soit saine et sauve mais... c'était sûrement futile ? termina-t-elle d'une petite voix.

J'approuvai d'un mouvement de tête ; je ne voulais pas lui donner de faux espoirs.

— Elle ne sera plus la même mais je peux lui servir de guide. Certaines choses rendent la vie de vampire moins terrible.

— Tant mieux.

Le silence retomba. La plaie à mon abdomen diminuait à vue d'œil. Dans le ciel d'encre, j'aperçus les premiers signes de l'aube. Je m'en sortirais. Je verrais un autre jour, une autre décennie, un autre siècle. Mais pas Oliver. Et mon frère ? Où était-il ?

— Damon met longtemps à revenir, constata aussi Cora. Vous croyez qu'il a des ennuis ?

— Non.

En vérité, je n'en savais rien. Je commençais seulement à mesurer l'étendue et le pouvoir des différents vampires vivant en ce monde. Auparavant, j'avais cru ne devoir m'inquiéter que des vampires des Origines tels que Klaus. Alors qu'il en existait tant d'autres qu'il fallait redouter, plus que jamais je ne l'aurais envisagé.

— Damon n'a besoin de personne pour veiller sur lui.

Un bruit retentit soudain dans les bois. Je me raidis en sentant les pas se rapprocher et l'écho d'une conversation devenir plus distinct.

— Vous voyez quelque chose ? Dans ces buissons, là-bas ?

Des chiens jappèrent. Des hommes passèrent tout près de nous. Je plaquai mon dos au tronc rugueux d'un arbre. Cora serra ma main très fort jusqu'au départ du groupe, guidé par les aboiements frénétiques de la meute.

— C'est moi qu'ils cherchent, commentai-je, une fois les derniers bruits de pas dissipés.

— Eh bien, ils ne vous ont pas trouvé, n'est-ce pas ? C'est une bonne nouvelle, décréta Cora avec son accent irlandais et un sourire timide.

Je lui renvoyai. Ce n'était pas grand-chose mais c'était vrai. Ils nous avaient ratés. Il était peut-être temps que je commence à témoigner de la reconnaissance vis-à-vis des petits miracles.

Finalement, alors que les premiers rayons du soleil se posaient sur nous, Damon apparut entre les buissons, le corps d'Oliver dans les bras. Il avait le visage marqué et un filet de sang coulait de sa tempe. Sans chaussures aux pieds, les vêtements déchirés, il n'avait plus rien d'un comte italien ou d'un commerçant britannique mais ressemblait plutôt au Damon de notre enfance quand il s'était amusé des heures dans les bois. Sauf que la vie et la mort constituaient l'enjeu cette fois.

— Je n'ai pas réussi à trouver Samuel. (Damon s'écroula sur un rocher en soupirant.) J'ai essayé de ranimer l'enfant mais sans succès.

— Je sais.

Je pris le corps d'Oliver dans mes bras. Je n'avais pas eu l'occasion de l'emmener chasser. Je m'éloignai à quelques mètres vers un bosquet de chênes. Les yeux levés vers le ciel encore sombre, je priai pour le salut du garçon.

Délicatement, je déposai son corps par terre puis creusai une tombe à sa taille. Je l'y plaçai au fond.

— Ici repose le meilleur chasseur de toute la Grande-Bretagne.

Une larme menaça de couler de ma paupière. Je jetai quelques poignées de terre dans le trou puis les couvris de branchages. Je détournai ensuite le regard, incapable d'affronter plus longtemps le spectacle de la tombe. Je retournai auprès de Damon et Cora.

— Et ma sœur ? l'interrogea-t-elle dans un murmure.

Mon frère répondit d'un simple haussement d'épaules. Nous cachait-il la vérité ? Personnellement, je n'étais pas prêt à l'entendre. Pas pour le moment.

Je m'étendis par terre, à l'écart, paupières closes, et laissai le sommeil s'emparer de moi. Même si mon esprit dérivait en des terres inconscientes, je devinais déjà que mon repos ne serait ni profond ni réparateur. C'était ce que je méritais, pourtant. Cette punition et toutes celles qui lui succéderaient.

19.

Je roulai sur moi-même, cherchant désespérément à trouver une place confortable où dormir sur le sol dur. Seulement, je n'y arrivais pas. J'avais mal partout, comme si on me piquait avec des tisonniers. Ma gorge était sèche, ma bouche, tel du papier de verre, et mes membres semblaient aussi lourds que du plomb.

Dans mon état semi-conscient, j'avais perdu tous mes repères mais, d'après mon intuition, j'étais déjà venu ici. Mais où ? Au moins, si c'était l'Enfer, je constatais que le calme y régnait. En clignant des yeux, pourtant, je remarquai deux points de lumière qui avançaient vers moi.

— Bonjour, bonjour.

En regardant mieux, je m'aperçus que les deux points lumineux étaient en fait deux grands yeux pleins de curiosité.

— Katherine, dis-je d'une voix éraillée.

— Eh oui, répondit-elle simplement, comme si nous nous étions rencontrés sur le chemin de terre qui menait à Veritas.

— Je suis en train de rêver.

— C'est possible. (À en juger par la légèreté de son ton, on aurait pu croire que nous discutions de la pluie et du beau temps.) Mais quelle importance ? Nous sommes ensemble.

— Que se passe-t-il ?

— Certaines personnes éprouvent des difficultés à lâcher prise. C'est parfois difficile, n'est-ce pas ?

Je considérai un instant ses yeux, allongés, félins et plus beaux que jamais. Je n'avais pas oublié les longues heures où je me perdais dans leur contemplation, à l'époque où j'aurais tout donné pour Katherine. Ce que j'avais fini par faire. Et j'avais tout perdu. Mais ces yeux me rappelaient également ma jeunesse, aux temps où l'on croit l'amour capable de tout conquérir.

Je brûlais de l'interroger sur ce qui l'avait motivée à me transformer en vampire, sachant que ma vie serait condamnée au chagrin. Je voulais savoir comment elle supportait cette idée. Et aussi ce que j'étais censé faire maintenant que j'avais perdu tous les gens auxquels je tenais. Enfin, je ne comprenais pas pourquoi elle continuait à me hanter.

— Stefan le Sage. (Elle esquissa un sourire.) Toujours à réfléchir. Trop. Mais rappelez-vous, il y a des choses qui se passent d'explication. Il faut les vivre.

— Pourquoi ? criai-je mais Katherine, déjà, disparaissait dans le noir.

— Il faut y aller, déclara brusquement Damon en me donnant un petit coup de pied dans les côtes avec la pointe de sa botte.

— Maintenant ?

Je me dressai avec peine sur mes coudes puis me frottai les yeux. À en juger par la rosée, je devinais que bientôt le soleil se lèverait.

Damon confirma d'un signe de tête. Cora, à quelques pas de là, front plissé, bras croisés, nous étudiait en silence.

— Nous rentrons à Londres, annonça mon frère avec fermeté. Je dois trouver Samuel et lui donner une bonne leçon. Damon Salvatore est invincible. Je vais le battre à son propre jeu.

— Nous ne pouvons pas retourner à Londres. (Je me levai, les mâchoires crispées, les yeux dans les yeux avec mon frère.) Nous devons cesser de nous battre. Avant, c'est moi que tu haïssais. Maintenant, c'est Samuel. Tout ce que nous risquons, c'est de voir le sang couler encore et encore. Tu ne comprends donc pas ?

— Oh mais je comprends parfaitement, petit frère. Je comprends que tu préfères mourir plutôt que de remercier le frère qui t'a sauvé la vie. Je vais à Londres. Si tu veux vivre dans le néant et survivre en te nourrissant de moutons et de lapins, vas-y.

— Je viens avec vous. Je veux retrouver Violet.

Cora, le visage blême, creusé par la fatigue, échangea un regard avec Damon que je ne pus interpréter. Pour finir, ce dernier hocha la tête.

— Soit, je vous suis, consentis-je.

Rester ici n'était pas une option de toute façon. Violet était seule, et je me devais d'honorer de toutes les manières possibles ses dernières volontés. Je ne pouvais pas la laisser se transformer en monstre. Quant à Damon, il avait besoin de moi, qu'il en soit conscient ou pas. Quant à moi, à cette heure, sans personne ni foyer, j'avais besoin de lui aussi, même si cela me gênait de l'admettre.

J'ouvris la voie à travers la forêt, en direction de la gare. J'entendais déjà le train siffler. La liberté n'était plus qu'à quelques pas de là. J'accélérai.

— Et cette fois, inutile de te faire passer pour ce que tu n'es pas, Stefan, lança mon frère après m'avoir rattrapé, Cora sur son dos. Tu es un vampire. Il serait temps que tu l'acceptes.

— Je sais qui je suis, Damon, répliquai-je, placide.

Nous revenions toujours à la même discussion, seulement, cette fois, je ne comptais pas me disputer avec lui. J'aperçus la locomotive qui s'arrêtait, son moteur haletant. Nous devions redoubler de prudence. Tous les villageois devaient être à nos trousses et, sans notre don de persuasion employé au moment opportun, nous risquions d'être pris par surprise.

— Je suis ton frère.

C'était loin d'être des excuses, néanmoins quelque chose changea entre nous à compter de cet instant. Si nous voulions trouver Samuel, nous devions collaborer. Battre le vampire était peut-être le seul moyen pour nous de mettre fin au bain de sang que nous provoquions malgré nous. Je voulais y croire. J'avais besoin de croire en quelque chose, tout simplement.

— Tu savais que Samuel était un vampire ?

C'était une question anodine mais elle m'avait taraudé pendant mon sommeil agité. Damon avait-il délibérément infiltré une communauté de vampires à Londres ?

— Non, je l'ignorais, admit-il, ses pupilles enflammées de rage. Ce que je sais, en revanche, c'est que jamais plus on ne me ridiculisera de cette manière. Et je sais aussi que Samuel est sur le point de recevoir une leçon qu'il n'oubliera pas de si tôt.

— Et s'il faisait partie des vampires des Origines ?

Ma voix se mua en un murmure. Je levai les yeux au ciel. Si le bon et la lumière existaient en ce monde, j'espérais qu'Oliver était en sécurité, dans un endroit où il pouvait chasser tant qu'il voulait.

— Et s'il faisait partie des vampires des Origines ? railla Damon, coupant net ma réflexion. Quelle importance ? La seule chose qui compte, c'est la force et la détermination – le leitmotiv des Salvatore, ajouta-t-il avec sarcasme. Prêts ?

Il se tourna vers Cora, une étincelle au fond des yeux. Avec mon frère, c'était impossible de deviner ce qu'il pensait.

— En voiture ! s'écria le chef de gare.

L'homme nous fit signe de la main. Il devait se demander d'où nous arrivions tous les trois : Damon, avec sa chemise déchirée, Cora, son éternel foulard noué joliment autour du cou en dépit de son corsage maculé de sang, et moi, couvert de taches au niveau de la blessure sur ma poitrine.

— Vos billets ? exigea le contrôleur suspicieux.

Damon, les épaules relâchées, se détendit ; il était dans son élément.

— Nous allons à Londres. Vous avez déjà contrôlé nos billets ; conduisez-nous plutôt aux compartiments de première classe. Ensuite, nous ne vous verrons plus pendant le restant du voyage. Pour vous ou qui que ce soit d'autre, nous n'existons pas.

— Entendu, Monsieur, oui.

Il nous accompagna à l'intérieur du train.

Je jetai un coup d'œil par la vitre au paysage verdoyant qui défilait. Que nous réservait Londres cette fois ? Samuel continuerait-il son massacre ? Violet l'avait-elle suivi de son plein gré ou bien avait-elle seulement été désorientée après sa transformation ? Et Damon et moi, arriverions-nous à travailler main dans la main ?

Mes certitudes se limitaient à notre soif de vengeance commune et à la fin proche de Samuel… que nous détruirions à tout prix.

ÉPILOGUE

Vingt ans plus tôt – toute une vie ou presque –, mon frère et moi nous étions échappés de Mystic Falls en sautant dans un train vers La Nouvelle-Orléans. À l'époque, nous étions des vampires naissants. Damon, perplexe, se cherchait, tandis que, paré à l'action, j'avais soif de sang.

Maintenant, nos rôles étaient inversés. Et pourtant, que ce soit le passé, la loyauté ou le sang – cet élixir mystérieux et frustrant, source de vie – qui nous lient, nous étions ensemble.

Nous n'avions pas confiance l'un en l'autre. Nous ne nous aimions pas. Cependant, nous représentions la part secrète et ombrageuse de l'autre. Nous fuyions la foule d'habitants d'une petite ville à mes trousses pour une capitale, persuadée que Damon était le tueur le plus sanglant de toute l'histoire de l'humanité. Nous étions unis dans cette épreuve.

Et nous nous méritions l'un, l'autre.

J'avais beau lutter pour la cacher, je possédais moi aussi une face sombre. Et j'avais pu constater, dans les regards inquiets que Damon jetait à Cora et à la façon dont il avait délicatement porté le corps d'Oliver lorsqu'il me l'avait apporté pour que je l'enterre, que mon frère avait une face profondément humaine et compatissante. Mais ces deux faces pourraient-elles coexister ? Et combien d'autres humains seraient-ils tués avant que nous ne parvenions à vivre en paix en tant que vampires ?

J'ignorais la réponse. Mais je savais qu'il y aurait encore de nombreuses morts. Tout ce que j'espérais, c'était qu'elles ne seraient pas de ma main...

Composition Nord Compo

Impression réalisée par
CPI BRODARD ET TAUPIN
La Flèche
en avril 2012

« Pour l'éditeur, le principe est d'utiliser des papiers composés de fibres naturelles, renouvelables, recyclables et fabriquées à partir de bois issus de forêts qui adoptent un système d'aménagement durable. En outre, l'éditeur attend de ses fournisseurs de papier qu'ils s'inscrivent dans une démarche de certification environnementale reconnue. »

Dépot légal 1ère publication avril 2012
Imprimé en France
N° d'impression : 68629
20.19.2806.6 – ISBN 978-2-01-202806-7
Édition 01-Dépôt légal : mai 2012

Loi n° 49-956 du 16 juillet 1949 sur les publications destinées à la jeunesse.